部落問題解決過程の証言
―歴史、教育、民主主義をまもる―
三重県松阪市

久松　倫生

◆部落問題研究所◆

はじめに

約40年間にわたる松阪市議会内外の取組と全国水平社１００年という節目にかかわっての実践を『部落問題解決過程の証言』としてまとめることができました。

全国水平社創立１００年にあたる２０２２年からの数年、松阪市の人権施策にかかわって画期となるいくつかの到達がありました。また、２０１６年に強行された「部落差別解消推進法」が部落問題の解決に逆行するという危惧を持ちますが、松阪市の到達は同法の3つの附帯決議(参議院法務委員会)を自治体レベルでしっかり実践できたと思います。

松阪は、戦前戦後通じて運動が展開された土地柄ですが、１００年といっても水平社60年の１９８２年を境にそれまでの松阪の歩みとその後の〃逆流〃とのたたかいの時期を区別してとらえられると思っています。

私自身は、１９７０年代後半から松阪市の社会同和の仕事に携わり、その後１９８７年から松阪市議会議員となり、議会を離れた一時期もありましたが、市民のみなさんのささえでしっかりと今日に至っています。市議会へ出ようと決意したきっかけの一つに、１９８０年代から松阪市における部落解放運動、同和行政、同和教育の逆流がひどくなったことがあります。それからの約40年は、逆流とそれを許さないたたかいの連続でした。

本書では、議会内外、ときに県行政とのかかわりも含めてたたかいのなかで明らかにしたこと、伝えておきたいことを記述しました。どんな攻撃があり、どう反撃したか、どんなたたかいがあったか伝えています。「国民融合」を「特定政党の論理」と攻撃、敵視した部落解放同盟らが、いかに行政を言いなりにしたかを示す「交渉」と『合意文書』、市民と私たちの共同を激しく攻撃し、教育・保育現場へ反共攻撃を持ち込んだ松阪地域同和教育推進協議会(「松同推」)の役割、松阪の歴史をゆがめかねない「部落史編さん事業」とはどんなものだったかなど、改めて示しました。

逆流に抗して「部落解放基本法に反対する」請願、陳情の市議会での採択、部落解放同盟事務所建設や三解保(三重県解放保育研究協議会)の公開保育を住民の力でやめさせるといった1990年代からの大きなたたかいの蓄積、不公正や利権につながる実態を一つひとつ是正して市政を前に進めたことを明らかにしました。今日では「松同推」も崩壊し、教育・保育も変化しました。

2014年に時の市長が「歴史的転換」というがごとく、〝同和利権の逆流〟を一掃する流れをつくることができました。さらにその後10年を経て、現市長が「あと戻りしない」と明言しているのが今の到達点です。

最近、あらためて近世身分制と「部落史」の講座を学ぶ機会があり、「部落史」からの脱却という角度から、いまだに少なくない自治体で影響をもっている部落解放同盟流の「部落史」を克服することが課題だと思います。その点でささやかですが、わが松阪市で「部落史編さん」を廃止に追い込んだたたかいは意義あるものと思います。

今日、松阪市の幹部の方と話していても、かつての「解同交渉」を知る人はなく、教育や保育の現場でも「松同推」の横暴を知る人はないと言ってよいでしょう。逆流の一掃により当たり前の行政、教育を取り戻したと言えます。

松阪の歴史、教育、民主主義をまもったことが「部落問題解決過程」としてみなさんと共有できることを願うものです。サブテーマを―歴史・教育・民主主義をまもる―とさせていただいた意味もこあります。まとめる中で、一つひとつの出来事には思いがありますし、歴史をふくめ新たな発見もたくさんありました。本文とともに私なりの年表をつけましたが、松阪を知っていただく一端になればと思います。

この約40年余、共にたたかい、がんばってこられた仲間のみなさん、ささえていただいた多くのみなさんに感謝申し上げます。

本書発刊にあたり、『部落』『人権と部落問題』などつねに活動の場を与えていただいた部落問題研究所の皆様、本書の発刊に懇切なご指導をいただいた皆様に深甚《しんじん》のお礼を申し上げます。

２０２４年８月28日　６回目の辰年の誕生日に

久松倫生（松阪市議会議員）

目次

第1章　水平社100年の節目に……7
第2章　3つの附帯決議を現実のものに……9
第3章　「水平社100年と松阪」から……11
第4章　「国民融合」攻撃と「糾弾路線」の持ち込み……20
第5章　二つの道の激突―1980年代～1990年代のたたかい―……23
第6章　くりかえされた教育・保育現場での反共攻撃……36
第7章　糾弾路線の行き着く先―松商事件と弓矢裁判―……39
第8章　〝闇支配〟の暴露と議会役員選挙での決着―合併直前の激突―……46
第9章　議会で言ってもらってスッとした……53
第10章　そして〝歴史的転換〟へ―「裏取引」の暴露から「松同推」の崩壊―……59
第11章　歴史と教育をまもる―部落史編さん事業を廃止に―……77
第12章　民主主義の基本をまもる―行政のあり方が問われた人権センター―……85
あとがき……91
関連年表……92

第1章　水平社100年の節目に

２０２２年は水平社１００年という節目の年でした。私たちの三重県松阪は水平社の中心的な役割を担った土地であり、歴史と運動が刻まれたところでもあります。それからの3年間に、松阪市の人権施策で１００年の節目にふさわしいと言ってよい画期となる動きがありました。

２０２２年度に二つの大きな展開がありました。一つは、市営住宅管理運営基金の創設です。これは、１９６７年以来続いた住宅新築資金貸付事業の国庫への長期債償還が終結するにあたって、その基金残高を活用して市営住宅の管理運営への基金がつくられたのです。市長は「市民のみなさんに感謝申し上げたい。事業として成功した」と評価しました。これは、他の自治体に例のない優れた到達ではないでしょうか。高い償還率に見られる自立と融合の同和行政と運動があったからこそできた到達だと思います。

もう一つは、新しい「人権施策基本方針」の策定とそれに向けた「人権意識調査」です。この約40年間は、人権といえば「同和優先」の部落解放同盟（以下、解同）元幹部言いなりの「丸投げ」が行われ、逆流とのたたかいの連続でした。今回の展開はそうした逆流から脱却し、当たり前の行政を取り戻したことになるのではないでしょうか。これについて議会の論議の中で逆流へ「後戻りしない一つの形」という現市長の明快な答弁があります。

引き続き２０２３年に新しい「人権施策基本方針」第3次改訂が進みました。これまで残っていた

「人権センター」の記述が削除されました。第2次改訂では、「人権センターの設置」が明記されていました。当時〝同和利権〟の施策が一掃されつつあるなかで旧来からの方針が文書上残ってしまっていたもので、できもしないものをわざわざ残しておくという書き込みでした。10年たちましたが、今回の改定案ですっきりとなくなったのは「後戻りしない」一つの形を示すものとなります。２０２３年９月議会で、担当部長から「現状の人権施策は行政が主体性をもって取組を進めている。『人権施策基本方針』を一から見直す中で、時代の変遷とともに人権センター設立の必要性がなくなったと考え『人権施策基本方針』第３次改定案から削除。現状に沿った内容で適切に進めていく」という明確な答弁がされました。

「人権センター」をめぐる実際の経緯こそ松阪市の一時期の「無駄と不公正」そのものであったといえるもので、この変化は大きいといえます。いわば〝同和利権〟の逆流の一掃を裏付けるとともに、民主的な行政運営を勝ち取ったことにつながります。

そして２０２４年度は、「松阪開府の祖」とされる蒲生氏郷にかかわる「氏郷顕彰基金」が創設されます。これは、一時期松阪の市政や教育に影響をもった「部落史編さん事業」の蒲生氏郷の評価や郷土史学習に持ちこまれようとした教育のゆがみが過去のものになったことを示すものです。

部落問題の解決過程と現状・課題をどうとらえるか、部落問題の解決過程に至った歴史的経験を人権と民主主義にかかわる国民的努力の成果として総括し、日本社会の市民社会として成熟のために生かすことが今とても大切だといわれています。その角度から、水平社以来の松阪の１００年余の歩み、長い国民融合への積み上げと１９８０年代から持ち込まれた国民融合路線を敵視する逆流とのたたかいの歴史は、部落問題解決の一過程を示しているといえるのではないかと思います。国民的努力の成果を示す一端になれば幸いです。

第2章　3つの附帯決議を現実のものに

２０１６年に強行された「部落差別解消推進法」は、部落問題の解決過程の到達点や努力に目を向けない潮流を助長しているという危惧を持ちます。そこで部落問題の解決過程をしっかり検証するうえで自治体の取り組みから明らかにしていく視点として、いわゆる附帯決議をどう実践できているかを問いたいと思います。

松阪市での現在の到達は、「部落差別解消推進法」の３つの附帯決議（参議院法務委員会）をしっかり実践できたといえるのではないかと思っています。

参議院法務委員会附帯決議（2016年12月8日）

国及び地方公共団体は、本法に基づく部落差別の解消に関する施策を実施するに当たり、地域社会の実情を踏まえつつ、次の事項について格段の配慮をすべきである。

一　部落差別のない社会の実現に向けては、部落差別を解消する必要性に対する国民の理解を深めるよう努めることはもとより、過去の民間運動団体の行き過ぎた言動等、部落差別の解消を阻害していた要因を踏まえ、これに対する対策を講ずることも併せて、総合的に施策を実施すること。

二　教育及び啓発を実施するに当たっては、当該教育及び啓発により新たな差別を生むことがないように留意しつつ、それが真に部落差別の解消に資するものとなるよう、その内容、手法等に配慮すること。

三　国は、部落差別の解消に関する施策の実施に資するための部落差別の実態に係る調査を実施するに当たっては、当該調査により新たな差別を生むことがないように留意しつつ、それが真に部落差別の解消に資するものとなるよう、その内容、手法等について慎重に検討すること。

松阪市においては、「過去の民間運動団体の行き過ぎた言動等、部落差別の解消を阻害していた要因」である解放同盟元幹部を中心にした糾弾路線を一掃したことがあります。その過程では、1999年の松阪商業校長の自死事件やその後の弓矢裁判があります。

また、松阪の教育・保育・行政をゆがめてきた松阪地区同和教育推進協議会（「松同推」）を崩壊させたこと、松阪の歴史と郷土学習をゆがめる「部落史編さん事業」を中止させたこと、この二つは間違った歴史観や教育・保育のゆがみを生むものを一掃したといえると思います。

そして、「人権施策基本方針」改定のために行われてきた「人権意識調査」が新たな差別を生むやり方を克服して実施されてきたことが確認できます。

「人権施策基本方針」から「人権センター」の記述がなくなったことは、人権施策に限らず「行政運営の民主化」に寄与できたといえると確信します。いずれも大きな発展です。努力の成果として共有できると思います。

第3章　「水平社１００年と松阪」から

全国水平社１００周年記念レセプション（２０２３年1月14日）で、スピーチをさせていただく機会を得ました。そのときに「１００年を超える松阪市の運動の歴史があります。俯瞰《ふかん》してみると１９８２年の『60周年記念誌』にまとめられた国民融合路線の積み上げや梅川市政の『部落の生態』など今日生きる実践の成果、同和対策事業の到達などの歴史と、その直後の１９８３年から、国民融合を攻撃する解同元幹部中心の逆流とその克服の過程、すなわち〝同和利権〟の逆流とそれを一掃した40年間を区別してとらえることができると実感します」と述べました（『地域と人権』２０２３年5月号）。

この時期区分を整理しながら、全国水平社１００年と松阪についての検証に取り組みました。そのなかで改めて国民融合を攻撃する解同元幹部中心の逆流の中身がどんなものだったか、彼らが敵視した「国民融合」の到達とはどのようなものだったかをとらえ直しました。

そこで、２０２３年10月の地域人権問題研究集会の分科会で、「松阪では水平社創立以来の伝統と１９７０年代から国民融合の取り組みが展開されました。『橋のない川』の上映運動をきっかけに『差別をなくす松阪市民の会』が１９７２年に組織され、毎年市民集会が開かれ一つの流れが形成されたといってよいと思います。同和対策事業の推進の時期でもあり、大きな取り組みになっていったといえるのではないでしょうか。それゆえに、１９８３年以降この流れを敵視する解放同盟やそれに追随する勢力はこの路線の『転換』を重要な課題としました。まさに「解同」の『糾弾』路線と『国民融合』の対決が40年にわたってせめぎあったといえると思います」と報告しました。

私自身は、１９７８年4月に松阪市職員となり、教育委員会の社会教育課へ配属され社会同和教育の担当としてその後8年間仕事をしました。松阪市の同和行政・同和教育は長い歴史の過程がありますが、「国民融合」の路線が基本的な潮流であったといえます。大局的にその流れのもとでの事業展開でした。

ところが、解同の幹部となる人物が松阪で活動を開始した１９８３年からその路線が強力に持ち込まれることになり、国民融合路線へ激しい攻撃が加えられ、その後厳しいせめぎ合いになるのです。１９８０年代半ばに当時の日本共産党議員が相次いで亡くなるといった不幸もあって、逆流が激しくなりました。１９８７年の一斉地方選挙で市議会へ送り出していただき、以来今日まで議員活動（ときに候補者）を続けてきました。

特に自治体におけるたたかいの出発点は１９７０年代半ば、国民融合論が提唱されたころからですが、「解同朝田派」とのたたかいは部分問題では決してなく、国政、地方政治全体の問題だという位置づけで、不公正を一掃することが原点でした。一つひとつのたたかいは常に困難と出くわし、これでもかこれでもかと思う局面も少なくありませんでしたが、たたかいの蓄積が必ず質的転換、飛躍につながることを実感します。まさに政治対決の弁証法を体現したような約40年だったと実感します。

本書では、三重県松阪市の「人権同和」のたたかい、〝同和利権の一掃〟の経過をまとめました。全体が部落問題解決過程の取組の一端になったと確信します。

長い闘いの歴史を持つ松阪ですが、水平社60周年の記念冊子などにいたる歩み、梅川市長時代の部落問題研究所編『部落の生態』（「都市部落」「農村部落」）、大山俊峰『三重県労農運動史』、三重県部落史研究会『解放運動ともに―上田音市の歩み―』、尾西康光『近代解放運動史研究―梅川文雄とプロレタリア文学』など多くの調査・研究が出されており、ここではそれらに依拠しながら概観しておきたいと思います。

1．明治の町村合併からの行政の変遷

松阪の行政制度の変遷の中での部落の位置づけです。1889（明治22年）年の町村制で4月1日に松阪町が発足しました。この時、隣接する矢川・東岸江・西岸江三村は松阪町に入れず鈴止村として発足させられました。町村制施行に伴う差別政策の中で生まれたと言ってよいと思います。その後、1921（大正10）年4月1日、鈴止村が松阪町へ吸収されます。1918（大正7）年に起こった米騒動の影響も大きいと言われています（『都市部落』）。

この時期に「矢川」が「日野町二丁目」に名称変更されます。1922（大正11）年5月1日から施行されますが、当時の松阪町議会会議録に「特殊部落」などの用語があることについて「人種起源説に立つ差別用語で科学的にも誤りが立証されている」と『松阪市史』15巻―近代（2）に明記されています。

戦後の1953（昭和28）年、その2年前の松阪大火を経て、新たな街づくりの過程で、日野町二丁目が京町に、東岸江が東町に、西岸江が宮町に町名変更して現在に至っています。

2．水平社創立と松阪―戦前のたたかいから

鈴止村の併合と矢川の町名変更の動きなどから徹真同志社（同志会）の活動が起こり、1922（大

正11)年の三重県水平社創立へと発展します。4月21日、三重県水平社が松阪町中座で開かれ徹真同志社の役員構成を継承したとされます。

1923(大正12)年2月に日農松阪支部結成、1925(大正15)年5月1日には県下初のメーデーが行われ、1926(昭和2)年1月に三重合同労組が結成されるなど、この時期から大きな社会運動が展開されました。

松阪町の日野町二丁目、東岸江、西岸江の三部落を中軸とする三重県における部落解放運動は、その最初から、他の多くの府県で行われた水平社運動と趣を異にして、純粋な差別糺弾闘争よりもむしろ、生活を守り高める闘いや農民組合運動として発展した(『都市部落』)という評価があります。社会運動や大衆運動におけるこの三地域の働きの大きさが如実に示されているからこそ、三重県における融和運動や部落改善事業がこの三地域へ集中されたのも当然であったとみられています(同上)。

昭和初期の水平社運動から農民組合、労働組合、無産政党へと闘いが展開されますが、戦争遂行と1933(昭和8)年1月13日の大弾圧など困難に直面して、同和奉公会(1941年)など体制への迎合をとる潮流ができます。一方で、この弾圧から再建にあたって、農民運動、労働運動、水平社運動のけじめをつけ、指導権を合法的に確立する目的で「社会大衆党支部」結成へ運動を現実主義的に転換させる方向ができたとされます。後者に果たした梅川文男について、尾西氏は「梅川は文学を通して部落差別が一般民衆のなかでいかに根深いものかを明らかにしている。だがそれに絶望して何もせずにいたのではなく、実際は全く逆で、松阪では水平社グループが中心となって県内の全協系労働組合や全農全会派労働組合との連携を深めて階級闘争を推し進めていた」(尾西氏前掲書、152頁)との解明は重要な評価と受けとめます。

3．戦後の運動と市政の展開

戦後は、部落解放全国委員会の組織化など運動の再出発がはかられました。農地解放の推進では、水平運動を基礎とした農民運動の強い伝統が生かされたという評価も見られます。戦後間もない時期の飯南郡花岡供米事件のいわゆるジープ供米事件、部落の就業と生活の変化の下で生起した松阪職安事件など、全国にも名をとどろかす大きな闘争が展開されました。この時期は、失業対策事業が戦後の部落の生業を担い、自由労働組合(自労)が大衆運動に役割を果たすことになっていきます。

戦後の松阪市の変遷をみると、１９５１(昭和26)年12月の松阪大火や、戦後の昭和20年代から１９５０年代初頭にかけてのいわゆる「昭和の大合併」がすすみ、10万都市としての新たな展開が始まったと言えましょう。

その時期、戦後の様々な政治的変遷を経て、梅川文男氏が松阪市長に就任したのが１９５７(昭和32)年でした。

都市部の三地域における部落問題解決の本格的な取組は１９５３年からとされますが、部落問題の解決を松阪市制の中心的な課題としたこと、第一小学校で三重県トップを切って同和教育が始まったことなどがあります。

4．『部落の生態』(「都市部落」「農村部落」)の意義

部落問題を解決する具体的な仕事を部落問題研究所に依頼し、総合的な調査報告書として『部落の生態』(「都市部落」「農村部落」)が完成します。１９６６(昭和41)年2月、『部落の生態』は朝日文化賞を受けました。

梅川氏自身の「調査書としては最大、最高のものと思う。…この調査によってこの部落はこう、あの部落はこうとゆう『同和行政』の手の打ち方までが、自然に結論として出てくる。この結論の実践化は首長その人による。私はやろうと思う」（『農村部落』序文、１９６４年8月25日）という発言は大きな響きがあるのではないでしょうか。

『都市部落』改訂版の最終の一文に、「松阪においては、市の行政、解放運動、同和教育がおたがいに協力しあって統一してすすめられていることであろう。これは全国的に見ても、非常に進んだ行き方である。松阪地区が部落を解放するという、日本の民主々義をまもり高める事業のなかで、モデル的な役割を果たす日も遠くないとおもわれるのである」（当時の記述のまま）とあります。今日の到達がどうか問われる気がします。

5. 松阪市の同和対策事業

その後の経緯として、１９６５年の同和対策審議会「答申」から１９６９年に「同和対策事業特別措置法」が発効し、全国的な同和対策事業が展開されます。高度成長経済の時代であり、部落の構造的な変化がみられるとともに他方で部落解放運動に利権と暴力がもちこまれ、運動の分裂があり、国民融合論の方向が提起される、教育では同和教育に解放教育が持ち込まれる…など変転がありました。

松阪の同和対策事業は１９７０（昭和45）年から２００１（平成13）年度までの約30年間で総事業費は４８７億８９７２万４０００円が支出されたとされます。約３分の２の３２４億円余が生活環境の事業に使われています。指定地区は23地域でしたが、各地域に推進委員が置かれて事業がすすめられました。なかに１９８５年から１９９０年にかけて改良住宅４棟の建設、元の集落を整備し改良住宅

（二戸一）を建設する方法ですすめられた小集落改善事業、同和向け公営住宅と低所得者向け住宅建設で新たに造られた街の形成といった大規模な事業があります。公営住宅関係の運営について地域改善対策事業が終了した後の2003年6月に、入居者選考委員会や旧地域改善向け住宅の空き家募集の優先枠を廃止することなど条例改正が行われています。

すでに1983年当時から同和事業の見直し、個人施策の見直しなど検討されましたが、後述するように1990年の松阪市同和対策審議会「答申」が分岐となって逆流、利権とのたたかいになっていきます。同和特別対策事業の終結から20年余が経過し、松阪での同和対策事業の進展とその到達、今日的課題の検討を必要とすることは多く存在すると思いますが、はじめに述べた住宅新築資金の成功など国民融合への取組と「朝田解同」といわれる潮流の暴力・利権は許されないという共通認識はあったのではないかと思います。

1982年の11月に『松阪解放運動60年』がつくられ、記念集会が開かれています。実行委員会ができ、委員長に上田音市氏、事務局長が「松同研」会長の西村芳男氏で吉田市長、堀口議長、三井教育長、新竹自治連合会の発言が掲載されています。松阪における水平社創立以来の60年の歴史と運動への誇り、先人の努力への顕彰が共通していると受けとめられます。

松阪市解放運動60周年記念実行委員会編
『松阪解放運動60年』

6. 松阪市の歴史の中での解放運動―『松阪開府400年史』の記述から

1988年に『松坂開府400年史』が刊行されました。蒲生氏郷の開府400年、(旧)市制施行55年の節目ということで55話で構成されるというユニークなものでしたが、その中に「第44話　水平社と農民運動」「第50話　戦後の社会運動」の記述があります。戦前の運動として1933(昭和8)年に日野町二丁目の区議会選挙で4人の女性議員が誕生したことを記し、「日本広しといえども18歳以上の男女に選挙権を与えたところは、ほかにはない」とあります。戦後の運動では、花岡供米事件や松阪職安事件が記述されています。これらが、松阪の歴史の歩みとして市民に共有されるべきという考え方の表れと言ってよいと思います。

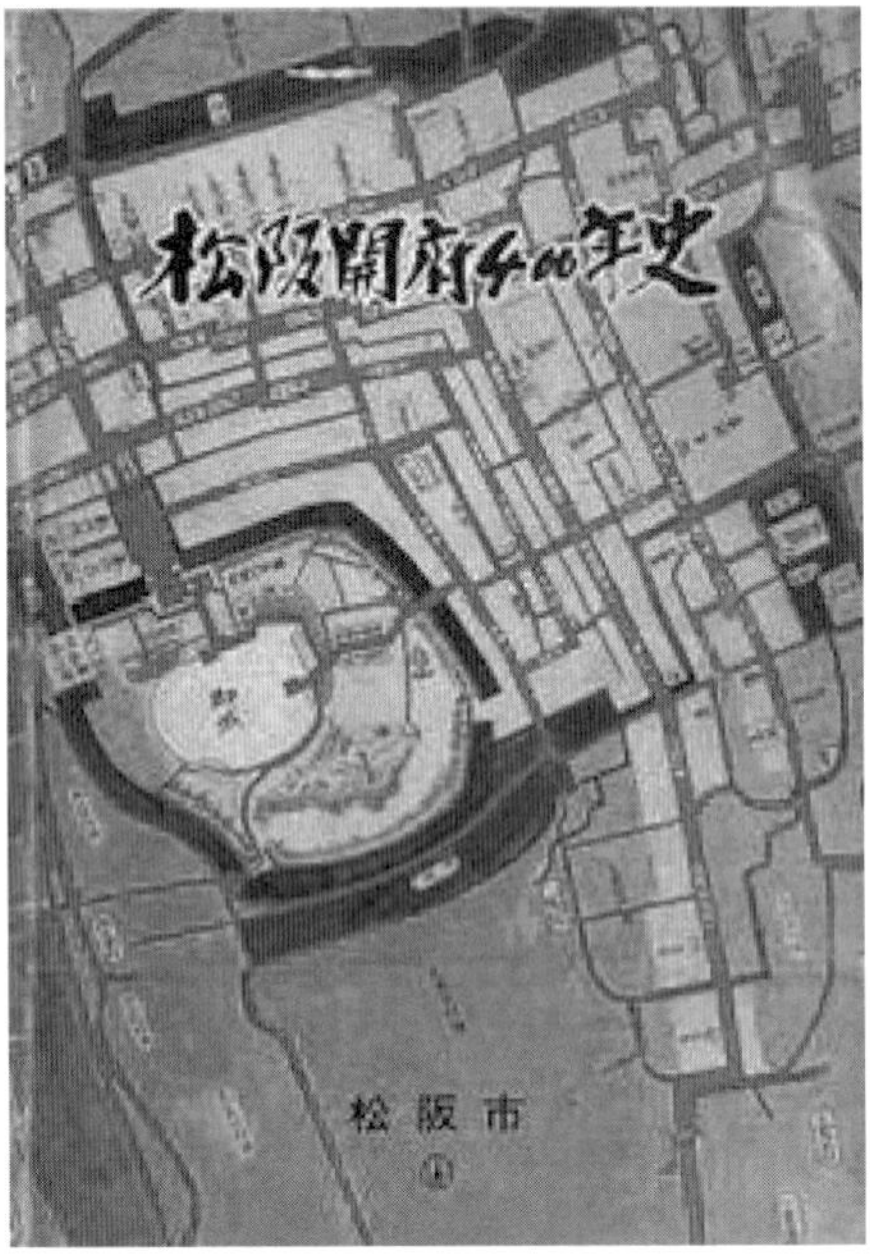

松阪開府400年史』(松阪市発行)
「第44話　水平社と農民運動」「第50話　戦後の社会運動」の記述があります。

7. 「差別をなくす松阪市民の会」の蓄積と国民融合路線

1970年代から約10年の間、松阪では国民融合の取り組みが展開されました。「橋のない川」の上映運動を契機に「部落問題を通して真に民主的な市民に成長しよう」というスローガンができ、当時の吉田市長を会長に、全解連書記長の稲垣雅史氏(日本共産党市議)が事務局長というまれな組織といってよいと思いますが「差別をなくす松阪市民の会」が組織され、１９７２年から毎年市民集会が開かれ多くの参加があり、一つの流れが形成されたといってよいと思います。同和対策事業の推進の時期でもあり、大きな取り組みになっていったといえるでしょう。

この経過について「差別をなくす松阪市民の会」第1回市民集会(１９７２年10月26日、於・松阪市役所、記念講演・東上高志氏)の経過報告からみておきたいと思います。

「会は１９７０年2月につくられた。１９７０年、１９７１年に松阪で上映された〝橋のない川〟がきっかけ。多くの団体で一致したのは『部落問題をこの映画の上映を契機にして松阪市民全体のものにしていこうではないかということ。』実行委員会をつくって70団体、１部、２部とも８０００人を超えた。(これをもとに)恒常的に部落問題について市民に啓蒙していくものとしてのこせないかという意見がこもごも出され、この意見をまとめて出来上がったのが〝差別をなくす松阪市民の会〟なのです。」

それから毎年大きな規模で市民集会が開催されていきました。１９７３年の第2回から１９８７年の第16回まで、記念講演の講師を紹介すると川口是、阪本清一郎、長谷川正安、真下信一、馬原鉄男、杉之原寿一、西滋勝、東上高志(10周年記念)、鈴木良、成澤榮壽、丸岡忠雄、木津川計、山口勇子、原昭牛、東上高志というメンバーでした。その後、逆流とのかかわりもあり、体制的にも会の変質はありますが、これだけの蓄積は小さくないと思います。

記録を見ると、１９７３年11月には北原泰作氏「部落問題の本質と解放の条件」の学習会があり、80人が参加したとのことでした。国民融合論が形作られる過程で、八鹿高校事件の前からこうした取組みがあったことはそれまでの松阪の蓄積を語っているといえるでしょう。

私自身は、１９７８年４月に松阪市職員となり、教育委員会の社会教育課へ配属され、社会同和教育の担当としてその後８年間仕事をしました。松阪市の同和行政・同和教育は長い歴史の過程がありますが、「国民融合」の路線が基本的な潮流であったといえます。実際の仕事もそのもとでの事業展開でした。

それゆえ、この流れを敵視する当時の解同やそれに追随する勢力にとって路線の「転換」は重要な課題だったのでしょう。解同などは「特定政党の主張をそのまま受けて、国民融合論に基づいての同和教育が、１９７０年代中盤から松阪の中ではやられてきたと思う」という認識にたっていました。その後約40年は、まさに解同の「糾弾路線」と「国民融合」の対決というせめぎ合いの時代になったと思います。

市議会議員になったのは１９８７年でしたが、その後約40年、激しいたたかいの連続でした。

第４章　「国民融合」攻撃と「糾弾路線」の持ち込み

１．逆流はここから始まる―１９８３年８月の「交渉」

〝同和利権〟の逆流が始まったのが、１９８３年８月の解同の前身となる「改良住宅入居者組合」の団体交渉にありました。その際の交渉の「要求書」があります。

改良住宅の改善の要求などとともに特にその後の「逆流」の中心課題となった問題がありました。

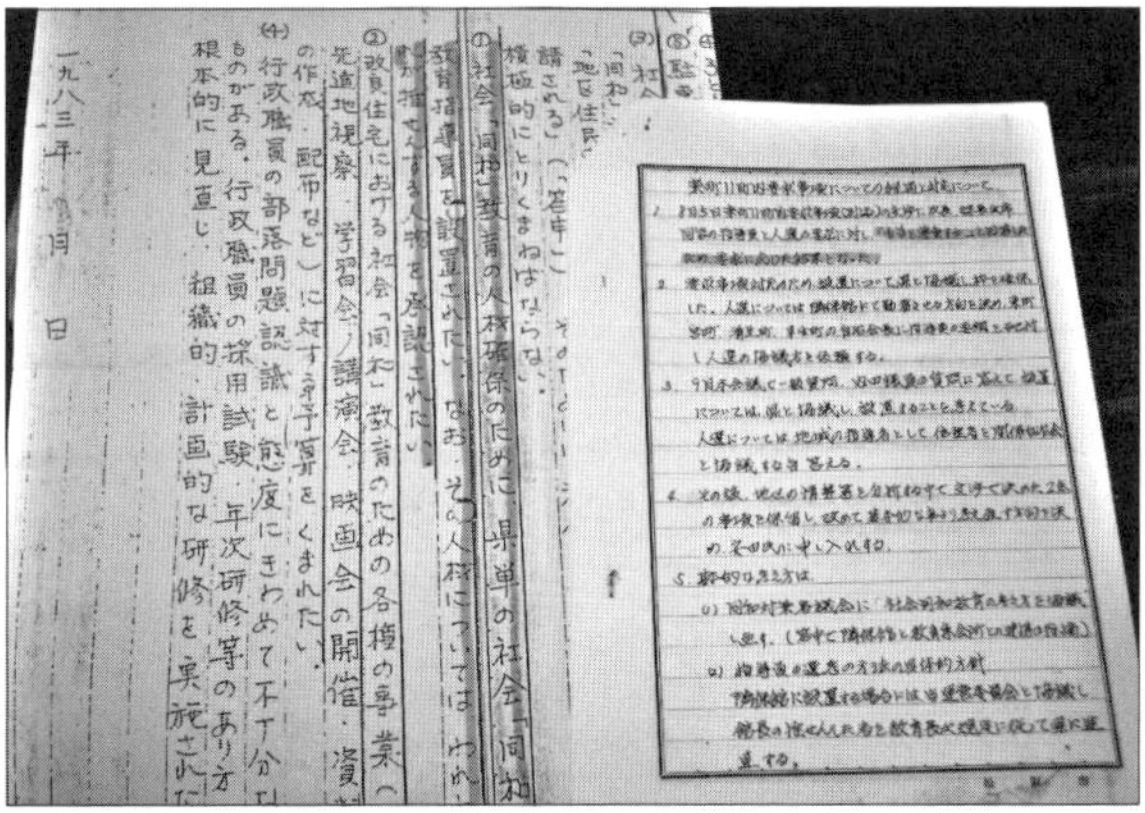

1983年8月の交渉から。「社会同和教育指導員」を松阪に配置せよ。…人選についてはこちらが推薦するものを採用せよ」というもの。「趣旨を尊重する」と回答したため要求に応じた結果になったと記述されています。

それが「社会同和指導員を松阪に配置するよう申請せよ。県には交渉してある…人選についてはこちらが推薦するものを採用せよ」というものでした。「交渉」の中で教育委員会側が指導員と人選の要求に対し、「趣旨を尊重する」と回答したため要求に応じた結果となったと当局の「決裁文書」に記述されています。

「解同」交渉で「趣旨を尊重」ということは「おっしゃる通りにいたします」ということになる…そういうことがわかっていなかったのでしょう。この交渉がこののち40年にわたるたたかいの起点となります。そしてこの「社会同和指導員」をめぐる問題は、合併後の制度変更も経て、２０１１年にこの制度がなくなるまで、解同幹部とその関係者の利権あるいは特権の問題としてたたかい続けることになります。

2.「1990年答申」と「松同推」が推進力に

１９８３年の交渉を発端として、松阪に部落解放同盟（解同）が正式に発足し、その後の松阪市の同和行政、同和教育がいわゆる「解同路線」に大きく傾斜していきました。いくつかの出来事がありますが、１９８７年に松阪市に「同和対策審議会」が新たに設置され、それまでの全解連系の委員と解同系委員の激しい論議が交わされる場となりました。元解同幹部も有力な市議の後押しで、途中から審議委員に加わります。

そんな経過の途上で１９８９年３月市議会で、中尾実三郎議員の本会議の発言(不認識発言で差別かどうか懲罰委員会で論議された)が起こり、これを梃《てこ》にして彼らの路線のもちこみに拍車がかかりました。この発言は彼らにとって「流れを変える事件」であり、「解放同盟の糾弾闘争の結果、人権擁護都市宣言をさせた。この大きな流れがあって、１９９０年の７月に松阪市同和対策審議会答申が出ました」「松阪市『同対審答申』は私の意見が『まとめ』に取り入れられた」と解同元幹部が実際に語っています（『未来を拓く解放運動』）。「１９９０年の７月に松阪市同和対策審議会答申が出されました。これは、その後の同和教育・同和行政を決定づけました。これがなかったら、今のような形のかかわりができていないと思います。松阪市の同和行政、同和教育行政の方向を決定づけた。運動の面での役割は前年に結成された『松同推』であった」（『松同研三十年史』）ということです。

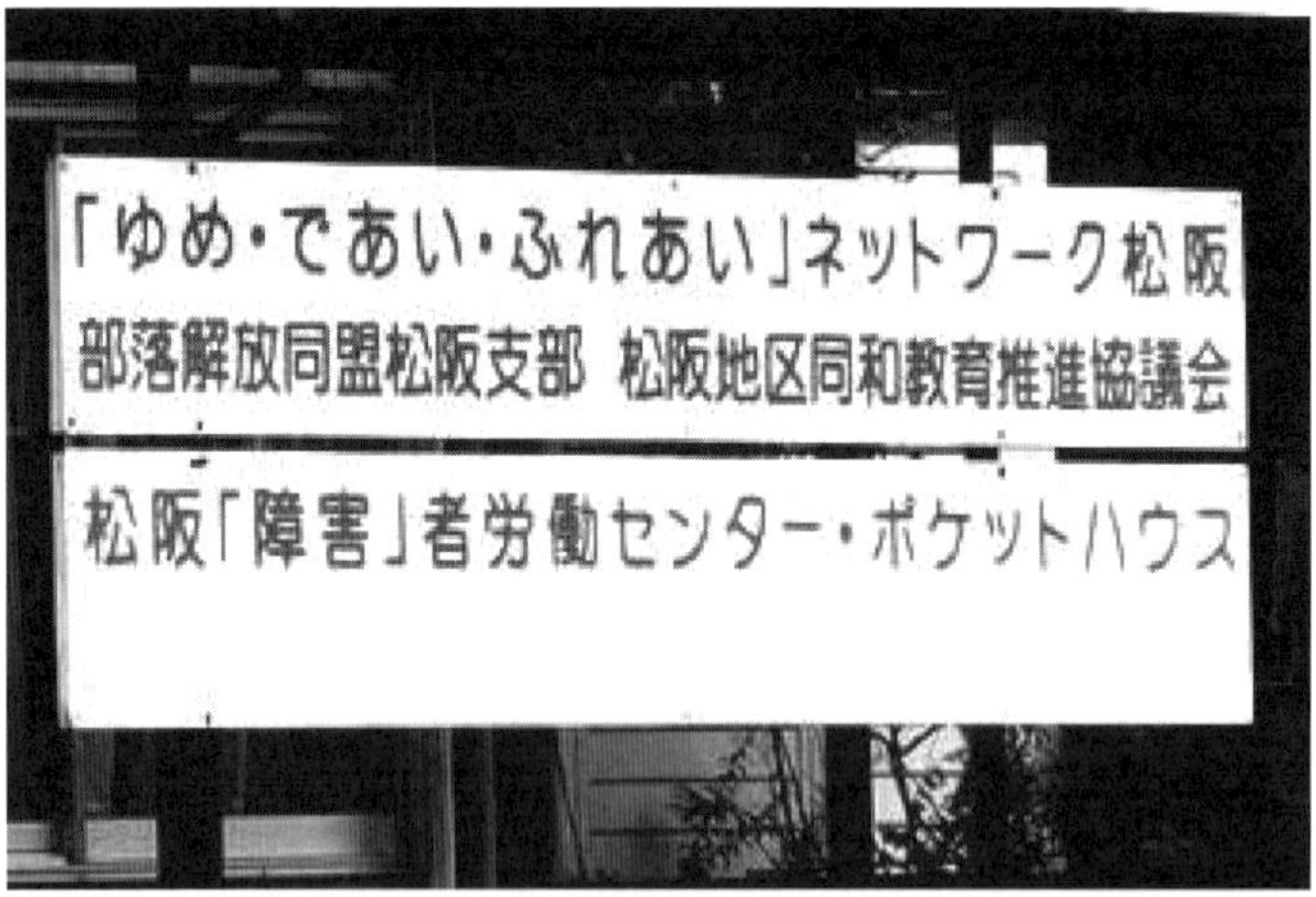

「解放同盟」と「松同推」（松阪地域同和教育推進協議会）、ゆめネットみえなどは一体であることを示す看板。同じ所にありました。

それまで同和教育を進めてきた「松同研」を傘下に置き、教育・保育全体を彼らの思いのまま動かしていくねらいで、「『松同研が入れてくれないのなら僕たちの側に松同研を入れよう』ということで『松同推』をつくった」と語っています。(同)

ここで言われているとおり「差別は根強く存在する」という一文を明記した１９９０年の松阪市同和対策審議会「答申」と、前後して結成されていった「松阪地域同和教育推進協議会」(１９８９年12月結成／以下「松同推」)がその後30年余の逆流と〃同和利権〃の推進役となります。

「松同推」は、教育(保育)を変質されるためのものであったことが明らかです。「路線的には国民融合論に基づいての同和教育が、１９７０年代中盤から松阪の中ではやられてきたと思います。」これを転換させるのが「松同推」の役割でした。

そして何がやられてきたか。それは、「反共教育」を現場へ持ち込むことでした。ところが彼らのやり方は思い通りにいきませんでした。住民には受け入れられなかったのです。教育・保育現場へ持ち込まれる彼らの路線と、そうはならない現実とのせめぎ合いが続きます。これらの一つ一つのたたかいが部落問題解決過程だったと言っていいと思います。

第５章　二つの道の激突―１９８０年代～１９９０年代のたたかい―

１９８０年代末から１９９０年代の逆流とのたたかいから、今日的な意義をふまえて、次の５つを具体的に述べておきます。

1．「政府文書」をめぐっての論戦
2．「部落解放基本法に反対する請願」の市議会での採択（1991年3月議会）
3．解同事務所建設を許さなかったたたかい－1991年9月から1992年3月
4．「啓発冊子」「意識調査」をめぐる追及
5．解放保育の公開保育に反対、やめさせるたたかい－1994年8月

1．「啓発推進指針は最高のもの」と答弁－政府文書をめぐっての論戦

逆流の始まりのなかで、厳しくやり取りしたことの一つに、地域改善対策協議会「意見具申」や総務省「啓発推進指針」などの政府文書をめぐる議会での論戦があります。

1960年代から解同などによる幾多の暴力・利権の事件があり、1980年代後半には政府の態度変更が見られるようになりました。その具体化が、1986年の地域改善対策協議会「意見具申」、1987年の「啓発推進指針」でした。松阪ではこれらをめぐって市議会内外で論戦が交わされました。その過程で、「啓発推進指針は最高のもの」という市長発言があり、当時も解同一辺倒だった三重県行政とは一味違った松阪市の見解がありました。

「啓発推進指針」について三重県は、「参考文書」などと言って解同の巻き返しに追随していた時で、市のレベルでの論戦ができたこと、制約があっても「最高のもの」という発言とそれを裏付けるそれまでの松阪の到達点は貴重なものがあったと今にして感じるところです。

私たちの議会活動を振り返る契機となったのが、石川元也氏インタビュー「部落問題解決と裁判闘争―一九八六年の政府の方針転換をめぐって」（『部落問題研究』242輯）です。

三重県の「弓矢裁判」でもご尽力いただいた石川元也弁護士が、裁判闘争の蓄積と教訓を語っておられる論稿に接し、そのご努力と問題解決への貢献の大きさに改めて敬意を表したいと思います。石川氏が語っておられる中で、１９８６年から１９８７年にかけての政府文書の評価と闘いへの提起は現在に生きる大切な発言と受け止めました。石川氏の「『地対協意見具申』というのはまさに同和問題にとって大転換なのですよ。その評価について杉之原さんの見解はあったが、ほかは黙っていたのは僕には解せない思いです」というところを読み、前述した私たちの議会活動を思い起こすことになりました。

私が初めて市議会議員になったのが、１９８７年4月でした。３人の日本共産党議員団では、当時の松阪市の同和行政と１９８３年から解同による逆流の兆しが起こってくるもとでその方向性がどうなるか大きな焦点の一つでした。同僚の竹田議員が、同年9月の一般質問でこれからの同和行政の在り方について「啓発推進指針」の受け止めを吉田市長(当時)に正面から問いました。吉田市長は、独特の言い回しで「大きな声では言えませんが…最高のもの」という注目すべき答弁をしました。その後、解同側の巻き返しや県行政の姿勢もかかわって逆流が強まりました。１９８８年3月、吉田氏の勇退前の最後の議会で、当時解同などの圧力が強まるもとで「部落解放基本法」制定の県の実行委員会へオブザーバー参加をするという動きがあったりして、それまでの松阪市の進め方と違うではないかと改めて質問しました。市長は、これ（「啓発推進指針」）をやれというのと反対だというのがあるのでといいつつ、前言を否定はしませんでしたが、「口をつぐむのがいい」という言い回しで終わりました。

石川氏が言われるように大転換をとらえていなかったことの指摘は重要だと思います。一方で、その時期に市政という単位でこれを取り上げていた意味は大きかったと思えるようになりました。

松阪の歴史をみると梅川市政を引き継いだ吉田市長が同和対策事業を進め、私たちは自立と融合、市民合意の同和行政をと訴えてきました。その後の30数年の解同元幹部の〝同和利権〟の逆流を克服できたのも、こうしたたたかいの成果だと思えるようになりました。貴重な提起をいただいたと実感しています。

2.「部落解放基本法に反対する」請願を採択

松阪市同和対策審議会「答申」（1990年）をもとに解同流の要求闘争が強烈に展開されましたが、ちょうどそのころ「地対法後」の同和行政をめぐって解同は同和事業の永久化、差別の法規制などを内容とする「部落解放基本法」の制定を全国的な運動として展開していました。三重県では県行政や三重県同和教育研究会（三同教）をはじめ、ほとんどの自治体が「部落解放基本法」推進の立場に立たされているのが実情でした。

この流れの中で、1991年3月議会（私にとっては1期目の最後の議会）の「部落解放基本法」をめぐる激突がありました。そして、全国唯一といっていい「部落解放基本法に反対する」請願・陳情が賛成多数で採択されるという動きをつくることができました。

当時いっせい地方選挙を前にした1991年3月議会に対し、「答申」（1990年）を根拠に「同対審答申の完全実施と『部落解放基本法』の制定を求める」請願が出てきました。解同と「共同」する労組などの多数の署名をつけただけでなく、請願の代表には上田音市氏がなっていました（この事実は、上田さんの生涯の大きなマイナス評価につながると今も思っています）。

一方で、「『部落解放基本法』に反対する」請願・陳情が多数の同和地区住民の方々から出されました。その主張の特徴は「同和対策として残っている事業もあります。それらの事業は今の法律のなかで完了させなければなりません。そして、いまの法律が切れたあとは同和だけの特別な法律は要求せず、一般行政のなかでまわりの市民と同じように私たちの問題も解決していかなければならないとかんがえています。」「新しい法律をつくれという要望も出ているようですが、私たちとしましては、そのような同和の法律はこれ以上要求せず、今計画されている事業はすべてやりきること、法の期限後は、まわりの市民と同じような条件で私たちの生活や教育の要求も解決されていくことが望ましいとかんがえています。」(陳情の文書より)という内容です。当時このような陳情がいわゆる同和地区住民から出されたことの意味の大きいことを実感します。こうした世論は議会を大きく動かす力になりました。

松阪では「部落解放基本法はダメ」という思いが広くありました。ある保守系会派のベテラン議員の方から「この問題だけは久松君らのいうことが正しいと思うわ」といわれた記憶が鮮明に残ります。

当然「部落解放基本法」の請願を採択させようという議会内外の圧力は激烈でした。付託された教育民生委員会は、当時日本共産党の内田茂雄議員が委員長でしたが、厳しいやり取りでした。しかし、「部落解放基本法」推進側は多数になりませんでした。委員会で「部落解放基本法を求める請願」は少数否決の見通しになると、彼らは請願取り下げの挙に出ました。結局「反対」の請願だけが採決に付されることになりました。最後の討論まで抵抗がありましたが、請願は賛成多数で採択されました。

これははっきり言って、全国の情勢をひっくり返しました。当時でいえば、「反対」を議決したのは松阪市議会だけです。三重県が「部落解放基本法」一色で偏っていたときに、松阪市議会だけは違う決定をしたというのは誇るべき歴史だと思います。

後の議会(２０１３年12月、『部落史』に関する質問)で「三重県が基本法制定一色でやっている中で、これはこの基本法をめぐってやっているときに、３月に市内の今でいえば、今そういう言葉はありませんけれども、同和地区の住民の方の投書というのが載りました。『私たちは子どもや孫のために、もう同和は御免です』」と。「同和を固定化するような法律は要らない」ということが載ったことを紹介しました。その後、１９９１年４月21日付「赤旗」にこの時の議会のことが報じられましたが、その中で「『基本法』に反対したある保守系議員はこう言いました。『基本法』は結局将来にわたって禍根を残す。これは自然な考え方だ』」。これらがそのころの多数の共通認識だったということだったのでしょう。

※参考文献

・『部落問題解決過程の研究』第5巻年表編・１９９１年３月21日の記述

・「『部落解放基本法』に反対する請願、陳情を採択」(『部落』１９８７年６月号、各地からの通信)

・「松阪市で『基本法』制定反対の請願採択」(『暮らしと政治』１９８７年11月号)

３．住民の運動が解同事務所建設をやめさせる

１９９１年３月議会で「部落解放基本法」は反対の請願がとおり、一つの情勢展開がありましたが、現実の松阪市の行政運営は「答申」(１９９０年)の具体化、解同の要求そのままに展開されていきます。選挙(この時無投票)を経て、１９９１年９月に大きな補正予算が組まれました。一つが、解同の事務所をつくろうということで補助金が予算化されました。同じ補正予算で『ひびきあう心』啓発冊

子を解同系団体へ丸投げする、さらに「人権意識調査」を行うという今見れば解同関係者への至れり尽くせりの内容でした。

特に「同和対策補助金の追加」として250万円、解同事務所を建設するために予算化しました。しかも、公営団地内の30坪の土地を行政財産から普通財産に変更してまで貸借契約を結ぶというまさに至れり尽くせりでした。そのときに行政財産を普通財産に変更して今はもう駐車場になっていますが、財産目録でも清生町100㎡を普通財産にプラスしていました。行政財産では貸借契約は結べないから、団地内の30坪(100㎡)を、解同の事務所を建てるための土地として普通財産に変更して賃貸契約を結ぶ、松阪市はそこまでやりました。ところが激しい反対の運動が展開され、できなかったというのが事実です。

実際に「明るくする会」をつくって、「解同事務所はいらない」というポスターを張り出したりして住民のたたかいの展開がありました。ついに住民の声で建設がストップされたのです。それで1992(平成4)年3月の1991年度最終補正(3月の最後の補正予算)で、250万円の予算が皆減になりました。そこまで便宜を図ったけれども、住民の声で建たなかったということです。

1992(平成4)年の決算審議のときに、この問題、特に財産管理として行政財産に戻すのかどうかということも含め経過をただしました。これに対して「平成3年の時期に市としては貸し付けをした以上、何とか実現できるように努力したけれども、できなかったと。それを地元の方々の反対というのを無視することはできん」と、当時の山田助役の答弁です。地元の皆さんの世論と運動、反対の声でできなかったのです。これが事実です。

この100㎡の土地は放置されてきました。いつ決着したかというと、実に2004年(平成16)11

月の旧松阪市の最後の決算だったのです。私が「１００㎡何とするのか、もう１００㎡ぐらい放置していいのか」と質問したわけですが、そうしたら当時の総務部長が、「そうはいきませんと、これまでの経過で直ちに行政財産へ所管替えを行うべきだけれども、現在までほっときましたのは申しわけありません」と謝っています。これほどまでにお粗末と言ったら悪いですが、これが実際の同和行政史の中での事実です。

そして、そういうことを本当に事実として認識できるかどうか、その後も強調してきました。２０１３年に部落史の論議をした際に、こういう事実があったということを強調しました。その当時の教育現場には、こうした行政や市議会の動きはほとんど伝わっていませんでした。１９９０年代の当時は、教育長にしてもその時期の教育委員会の幹部の皆さんは、30歳代後半ぐらいのときでした。このころは、教育現場には全然これが伝わっていなかった。そこにはいろんな関係があります。「松同推」など、情報が都合の悪いことは「デマ」として片づけ、反共攻撃を徹底するといった関係もあって、まったく伝わっていなかったのです。しかし、議会と行政の間ではこれが消えることのない事実としてありました。そういうことで市政の一面が動いてきたわけです。

4．意識調査や啓発冊子の不公正を追及して―「人権意識調査」に現れた不公正と議会の対応から

この時期、１９９１年９月補正予算は、解同事務所の補助をはじめ「答申」（１９９０年）に沿った至れり尽くせりの事業化がはかられています。一つが「人権意識調査」であり、もう一つが啓発冊子『ひびきあう心』の発行です。いずれも解同系の団体、人物へいいなりに丸投げするものでした。

松阪市の「人権意識調査」は、最初が１９９１年、その後、１９９９年、２００７年、２０１２年

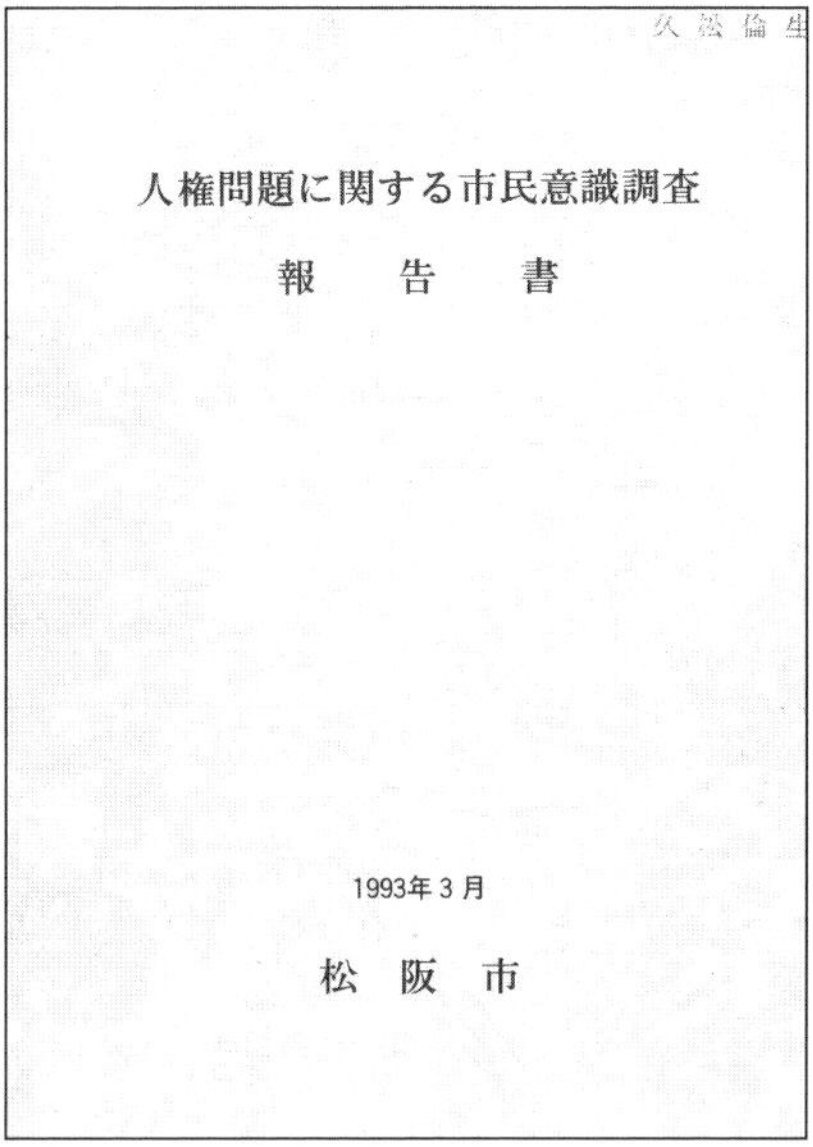

人権問題に関する市民意識調査

報　告　書

1993年３月

松　阪　市

§６．執筆分担

・報告書の執筆分担は、以下の通りである。

序　章	調査の概要	今井　ひろ子
第１章	人権意識と社会意識（問１～３）	今井　ひろ子
第２章	部落問題についての認知（問４～６）	角　知行
第３章	人権に関する知識（問20～25）	角　知行
第４章	広報の講読・研修への参加（問26～28）	角　知行
第５章	差別の現状認識（問７・８）	角　知行
第６章	部落問題についての意見（問９）	宮本　正人
第７章	同和対策事業についての意見（問10）	宮本　正人
第８章	身元調べについて（問11・12）	今井　ひろ子
第９章	差別への態度と行動のしかた（問13・14）	今井　ひろ子
第10章	結婚差別について（問15～18）	今井　ひろ子
第11章	部落問題解決への行動（問19）	宮本　正人
第12章	今後の課題	寺木　伸明

1993年の意識調査報告書

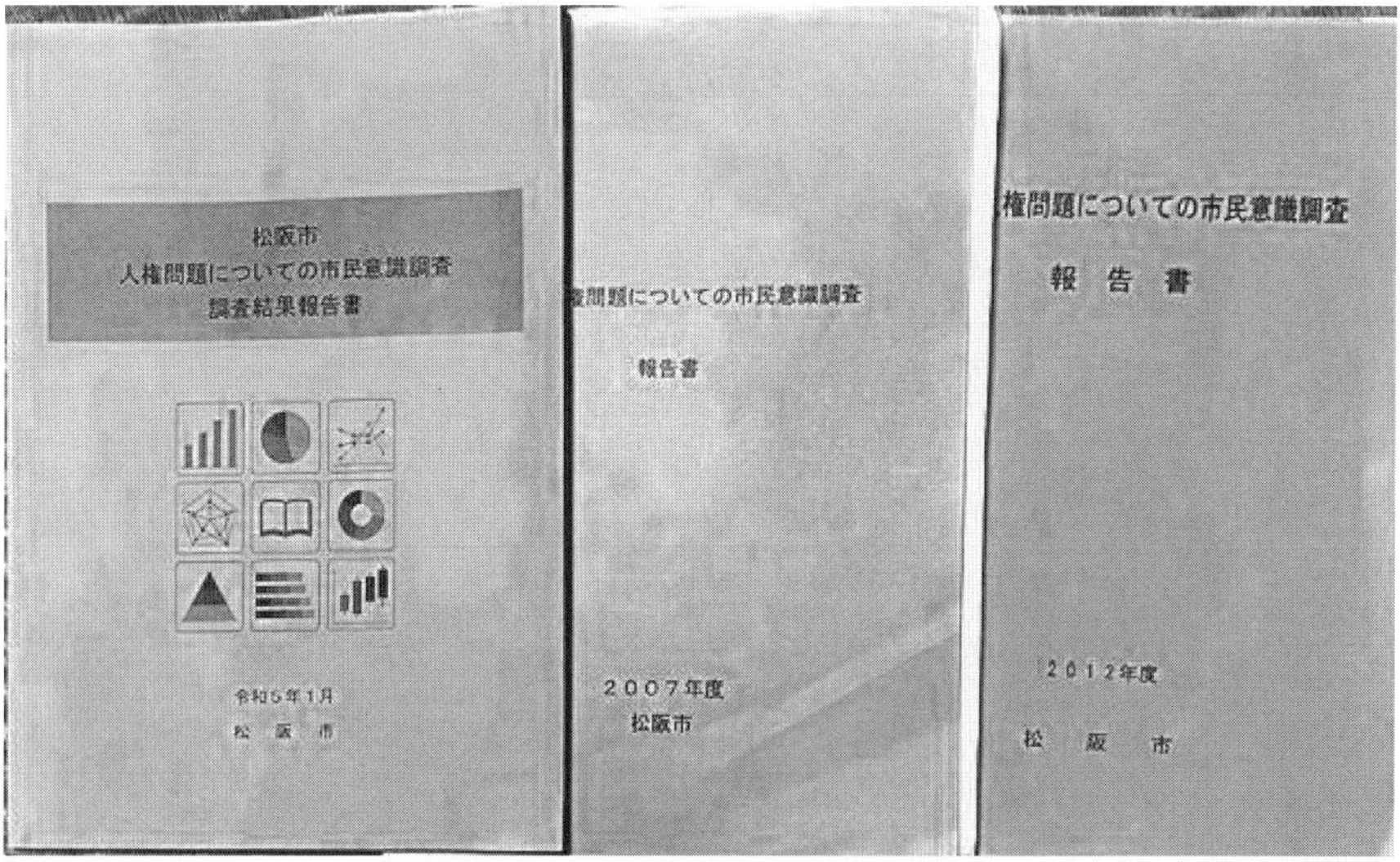

1999年、2007年、2012年の意識調査報告書

とおこなわれました。ところが、予算化や執行をめぐって特定の団体・個人との関わりをはじめ、まさに行政のありかた、「公正・公平」の根本、〝同和利権〟にかかわっての幾多の問題がありました。二つのことを振り返っておきます。

一つは、業務委託などの公正さが問われたということです。最初の1991年の「人権意識調査」は、まさに人権施策の逆流を象徴する出来事でした。

この調査の予算化は1991年9月の補正予算で行われました。その補正予算はどんな内容だったか。当時の「地域改善対策費」のなかにあった「解放同盟事務所建設補助金」250万円はじめ解同のための予算措置と言ってはばからないものでした。「委託料」として「人権問題に関する市民意識調査委託料」「啓発冊子編集委託料」などが予算化されました。この「人権問題に関する市民意識調査」は「同和問題を中心とした人権問題に関する市民の意識を調査」すると明記され、まさに同和意識調査でした。調査は1991年11月に、その報告書は1993(平成5)年3月に発刊されました。

報告書では、調査票の作成、調査結果の分析を「水夕会」へ委託したことが明らかにされました。問題は「水夕会」とはどんな団体かということです。代表は大学教授でしたが、報告書執筆分担で明らかに解同幹部と市が認めている人物がはいっていたことが明らかになりました。同時に予算化された啓発冊子『ひびきあう心』なる成果物が公表された際、これも「水夕会」に丸投げされ解同幹部がかかわっていることが明らかになりました。のちに本人の著書の中でかかわったことを述べています。このことに対して1992(平成4)年度決算の審査意見書で、はっきり「委託履行、予算執行において不適切が認められ」ると指摘されるほど不公正なやり方でした。その上「人権意識調査」は決算が終わってから繰越手続きをせずに1993(平成5)年3月に出すというやり方でした。行政手続きが不公正だという私の指摘に、当時の奥田市長が「おわび」をしなければならなかったという事態でした。

振り返ってみると、この1991年9月補正はまともな予算執行ができなかった、ハナから不公正がまかり通ったもので、そんなやり方が実に2014年(平成26)年まで続いたということになります。議会では、初めから「不公正」ということがはっきりされていたことは重要だったと思います。

もう一つは、「同和地区」という表記についてです。「人権意識調査」というと「もし同和地区とわかったら」という設問が定番になっていないでしょうか。結婚や居住での問いがみられるのが実態ではないでしょうか。2007年と2012年の「人権意識調査」の時に「もし同和地区だったら」という設問があり、問いただした経過があります。それは2006年(平成18)年2月の全員協議会で当時の下村市長の「同和地区は間違いなくなくなっていると、これはもうはっきり申し上げておきたいと思います」との発言があったからです。

それにかかわらず、その後の「人権意識調査」では「同和地区」という表記が使われてきました。法がなくなって行政用語としての「同和地区」はないけれども、「人権意識調査」の結果を比較をするためにただし書きをして使うというやり方でした。同和地区はもうないといいながら、「もし同和地区だったら」という設問をすること自体おかしなことだと思いました。私は「同和地区という行政用語はないけれども、いわゆる調査では聞かせてもらうということになった。この時点で本当に必要な調査なのかどうか、またその辺の吟味が十分されて予算化されたのかどうか」とただしました。「前回の調査との比較をさせていただくという意図から、お聞きする条件を同一にするため、今回につきましてのアンケート調査においても同一の表現を前回同様使用させていただき、お断りの文章等を掲載し、調査を実施してまいりたいと考えております」という答弁でした。いわば苦肉の言い回しだったと今思います。

5．地域と保護者の力が三重県解放保育研究会（三解保）の公開保育をやめさせる

1994年、東保育所(当時の名称)という公立保育園に三重県解放保育研究会(三解保)の公開保育をやらせようという動きが強まりました。そのころ松阪の幼稚園・保育園にこんな主張が持ち込まれました。「鯉のぼりは男女差別につながる」「ひな祭の段飾りは身分差別につながる」「節分の豆まきは、鬼にも人権があるから間違いだ」と伝統行事を何でも否定する「理屈」です。ある幼稚園では、実際にお雛さんを床にまぁるく並べたという話があります。解放保育の公開保育をやれと言われた保育園では、毎日鯉のぼりの上下を変える「日替わり鯉のぼり」をあげていたというのです。地域の方々からも保護者からも「何をやっているのか」という疑問や抗議の声があがりました。

現場に解放保育を持ち込もうという動きを保護者や地域は受け入れませんでした。保護者会をはじめ反対署名が集まり、大きなたたかいとなりました。その署名の内容が重要です。東保育所の保護者会長名で集められた署名は1400名にのぼり、市長に提出されました。「『同和保育』とか『解放保育』とかいいながら、私たち親の願いや子どもたちの実情とかけはなれた『保育』がすすめられ、私達保護者は、子どもたちをあずける事に、不安をもつ人も出てきています。いつまでも『同和』や『解放』の名をつけて、むりやり押しつけるような『保育』はやめてほしいと思います。東保育所だけいかにも『特別』あつかいするような公開保育には絶対反対です。こんな取り組みは直ちにやめて

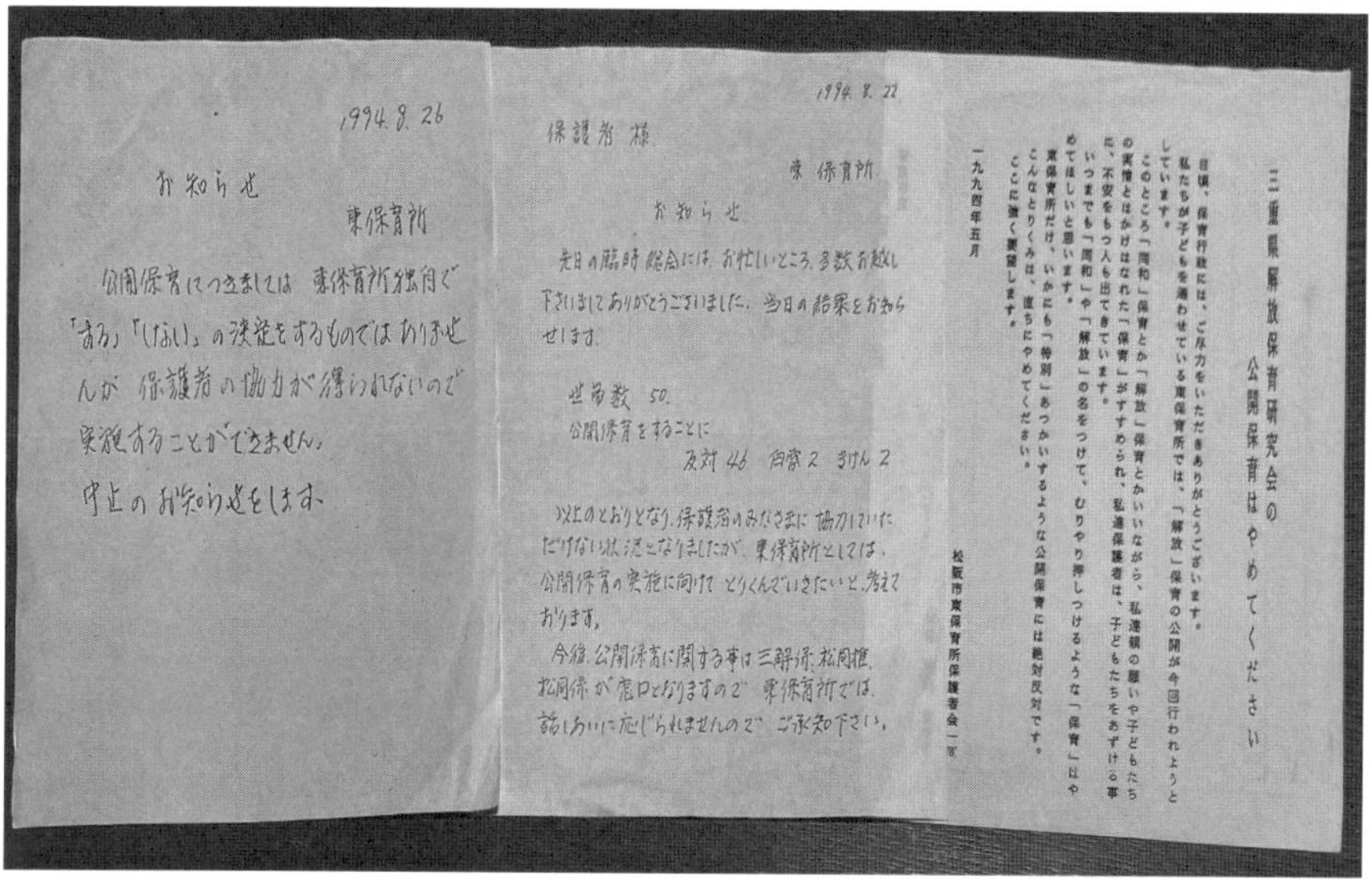
1994.8.26

お知らせ

東保育所

公開保育につきましては 東保育所独自で「する」「しない」の決定をするものではありませんが 保護者の協力が得られないので実施することができません。

中止のお知らせをします

1994.8.22

保護者様

東保育所

お知らせ

先日の臨時総会には、お忙しいところ、多数お越し下さいましてありがとうございました。当日の結果をお知らせします。

世帯数 50.
公開保育をすることに
反対 46 白票 2 きけん 2

以上のとおりとなり、保護者のみなさまに協力していただけない状況となりましたが、東保育所としては、公開保育の実施に向けてとりくんでいきたいと、考えております。

今後、公開保育に関する事は三解保、松同推、松同保が窓口となりますので 東保育所では、話しあいに応じられませんので ご承知下さい。

三重県解放保育研究会の
公開保育はやめてください

日頃、保育行政には、ご尽力をいただきありがとうございます。
私たちが子どもを通わせている東保育所では、「解放」保育の公開が今回行われようとしています。
このところ「同和」保育とか「解放」保育とかいいながら、私達親の願いや子どもたちの実情とはかけはなれた「保育」がすすめられ、私達保護者は、子どもたちをあずける事に、不安をもつ人も出てきています。
いつまでも「同和」や「解放」の名をつけて、むりやり押しつけるような「保育」はやめてほしいと思います。
東保育所だけ、いかにも「特別」あつかいするような公開保育には絶対反対です。
こんなとりくみは、直ちにやめてください。
ここに強く要望します。

一九九四年五月

松阪市東保育所保護者会一同

中止決定（左文書）／投票結果は出たが、決められないという保育園の文書（中文書）／反対署名の用紙（右側文書）

ください」というものでした。ここにこの時点での松阪の地域住民の意識がしっかり示されていました。そして、8月に保護者の投票が行われ賛成0(46人中)という結果でした。そのこと自体が大きな意義のある取り組みでしたが、その結果を知らせる保育所が出した文書がこれまた当時の松阪の教育、保育、行政の現実をよく示しています。

保護者全員が反対と言っているのに「決めるのは、三解保、松同推、松同保」という園側の文章の一文が当時の松阪の実態をよく表しています。そのひどさを今改めて再認識します。「解放保育」の公開保育のことは、当時の議会でも追及しましたが、市長も自分が決めるものではないと逃げる、当該の保育園も決められない、結局「松同推」という当該人物のいいなりにならざるを得ないそんな無責任な状況だったのです。当時の教育・保育行政の姿があらわです。しかし、地域や保護者には通用しなかったという、ここに松阪のたたかいの歴史の歩みがあります。

第6章　くりかえされた教育・保育現場での反共攻撃

1．これが教育現場でやることか

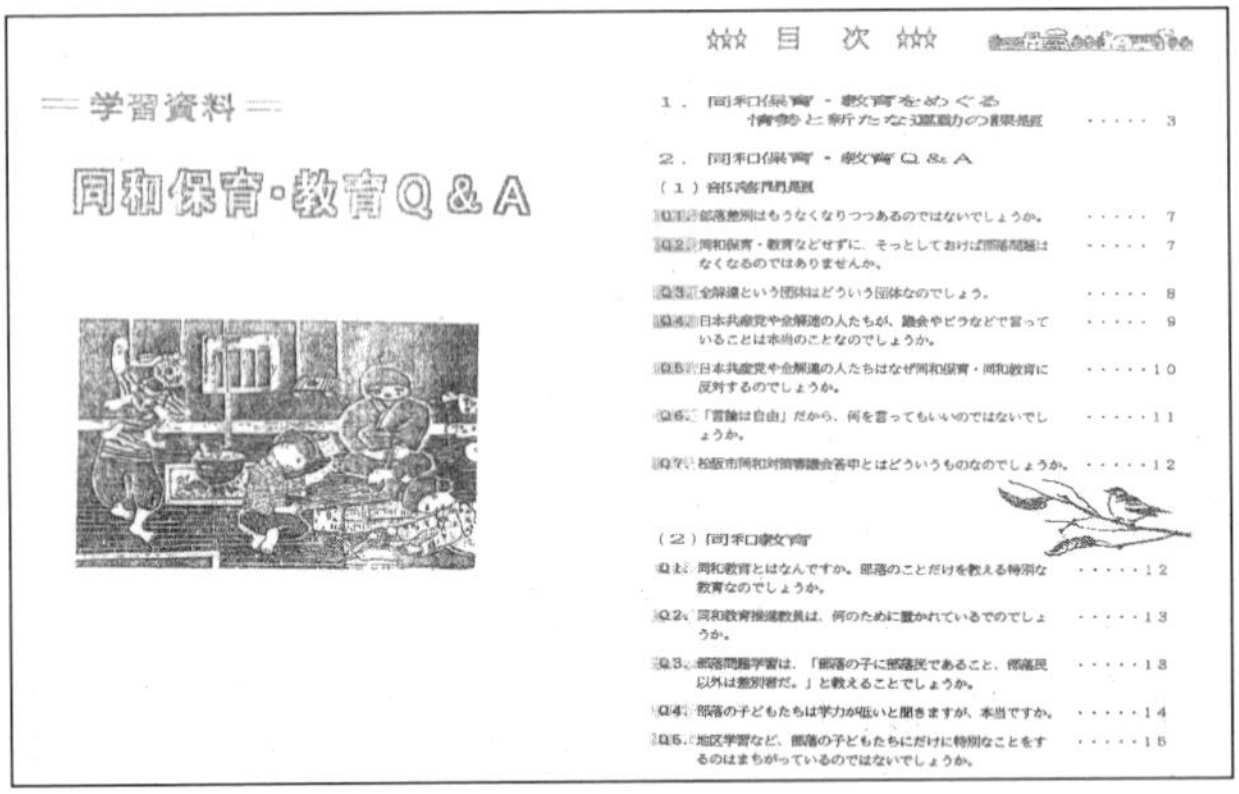

☆☆☆　目　次　☆☆☆

1．同和保育・教育をめぐる情勢と新たな運動の課題 ……3
2．同和保育・教育Q＆A
（1）部落問題
Q1．部落差別はもうなくなりつつあるのではないでしょうか。……7
Q2．同和保育・教育などせずに、そっとしておけば部落問題はなくなるのではありませんか。……7
Q3．全解連という団体はどういう団体なのでしょう。……8
Q4．日本共産党や全解連の人たちが、議会やビラなどで言っていることは本当のことなのでしょうか。……9
Q5．日本共産党や全解連の人たちはなぜ同和保育・同和教育に反対するのでしょうか。……10
Q6．「言論は自由」だから、何を言ってもいいのではないでしょうか。……11
Q7．松阪市同和対策審議会答申とはどういうものなのでしょうか。……12
（2）同和教育
Q1．同和教育とはなんですか。部落のことだけを教える特別な教育なのでしょうか。……12
Q2．同和教育推進教員は、何のために置かれているでのでしょうか。……13
Q3．部落問題学習は、「部落の子に部落民であること、部落民以外は差別者だ。」と教えることでしょうか。……13
Q4．部落の子どもたちは学力が低いと聞きますが、本当ですか。……14
Q5．地区学習など、部落の子どもたちにだけに特別なことをするのはまちがっているのではないでしょうか。……15

「同和保育・教育Q＆A」

1994年8月の保護者をはじめ、「解放保育」を受け入れなかった事実は彼らにとって許せないことだったのでしょう。その後の教育、保育の現場でのあからさまな「反共攻撃」が続きます。学習資料「同和保育・教育Q＆A」という24頁建ての冊子があります。

発行元は、松阪市同和保育研究協議会・松阪市同和教育研究会・松阪地区高等学校同和教育推進委員連絡会・三重県教職員組合松阪支部・三重県教職員組合松阪地区高等学校支部・部落解放同盟松阪市協議会の6団体、発刊日は1994年10月27日です。そこに書かれている内容は、日本共産党＝三解連松阪地協と図式化し、「わたしたちの進めている同和教育・保育への妨害者・敵対者でしかないことを見抜かねばならなりません」などという記述をはじめ、全編が悪罵《あくば》の限りです。

これらを教育現場へ資料として「徹底」させようということだったのです。これが教育に携わる人たちのやることでしょうか。

今考えても尋常ではないといわざるをえません。

また、もう一ついわゆる「同推教員文書」というものが存在します。１９９４年11月11日の「松同保」の研修会でのレジメです。ある小学校の同推教員の名前が記されていて、「同推教員文書」といたしますと書かれています。全編「共産党＝全解連」攻撃が基調ですが、よほど公開保育ができなかったことが痛手で気に入らなかったのだと思われる記述です。国の同和対策審議会「答申」にある「教育の中立性」は誤りだとして、教育と運動の結合の重要性まで書かれています。公教育の場へこれを持ち込むというのですから異様というほかありません。彼らは教育・保育現場をこういう形で支配しようとしたのです。

「かけはし」という、のちの「松同推」の機関紙になる名前のビラがあります。１号から

【松同保同推保母・同推委員研修会】　1994.11.11
幸小学校

「今、なぜ同和保育・教育か」

1．これまでの松阪における同和教育のあゆみ
（1）解放運動
①戦前の水平社運動

②戦後の解放運動と同和行政・同和教育
▽第８回松同研総会　1974.6

「『解放教育』と自称する教育の実践が、この数年間、大阪を中心に展開し、解同朝田一派とその支持者が行政当局によって行なわれる。そこでは、教育現場に対して、『部落問題』を口実にして、不当な圧迫や攻撃を加えている」

矢田教育差別事件について「『差別事件』ときめつけている」としている。

▽松阪地区同和教育推進協議会　1989.12

「部落差別の現実に学ぶ」というのは言葉だけで実践されず、そうした観点からの家庭訪問さえも、現実にはまったく行なわれなくなった。また、部落差別の固有性や課題も問題とされず、「学力保障」「進路保障」「部落問題学習」「反差別の集団づくり」などの具体的な取り組みがほとんど行なわれず、「同和」教育は人権教育一般に解消されてしまった。
こうした状況をつくりだした大きな要因として、松阪地区の「運動団体」が「部落差別は現代の独占資本の支配と結びついて拡大再生産されている」という、それまでの理論を放棄して、「差別はなくなりつつある」という部落差別解消論を急に提唱して、それが松阪地区の「同和」教育の主流になったことがあげられる。
それとともに、教師側の多くも、自らの差別意識に起因する「同和」教育サボタージュを合理化するのに都合のよいものとして「部落差別解消論」を歓迎したこと、さらに管理職も、同推教員を本来の目的以外にあてても問題化されない差別的な「理由」があったことも見逃しにできないであろう。

▽松阪市同和対策審議会答申　1990.7

[illegible]

2．これまでの日本共産党・全解連からの攻撃と私たちの抗議行動
（1）市議会での発言やビラによる攻撃

（2）抗議行動

3．日共・全解連の主張の誤り
（1）通婚の問題

（2）「混住」の問題

4．東保育所の公開保育をめぐる問題
（1）松阪市同和教育研究大会（8.20）

（2）６団体と東保育所との話し合い

（3）「見解」について

5．「教育の中立性」の誤り
（1）同対審答申の中の記述

なお、同和教育を進めるに当たっては、「教育の中立性」が守られるべきことはいうまでもない。同和教育と政治運動や社会運動を明確に区別し、それらの運動そのものも教育であるといったような考え方はさけなければならない。

（2）教育と運動の結合の重要性

（3）私たちの立つ位置
6．同和保育・教育を主体的にどう進めるか
（1）差別の現状認識

（2）自分自身の生き方とどう重ねていくか

7．「同和保育・教育を考える集い」に向けて

同推教員文書（「教育の中立性は誤り」とあります）

真実を知ってほしい！「東保育所公開保育に反対」に疑問
「これに署名しないと保育所がたいへんなことになる？」

かけはし
No. 1
1994.10.20
松阪地区同和教育推進協議会

地域の保育所を大切にする気持ちを利用されたと思いませんか。

東保育所の公開保育をめぐって反対の署名活動がはじまった５月末頃から、皆さんのご家庭へも「署名をお願いします。」といって訪問があったのではないでしょうか。その時、反対の理由をきちんと話したうえで皆さんに考えるための余裕をもって署名用紙を出されたのでしょうか。
「これに署名しないと保育所がたいへんなことになる。」という簡単な説明だけで署名された皆さんは、町内の顔見知りの人のこのことばを信じ何が大変なのかという事実を知ろうとする気持ちをもつ余裕さえなかったのではないでしょうか。

ほんとうにたいへんなことになるのでしょうか。

東保育所のことを問題化し、話をどんどん大きくしていったのは、「日本共産党市会議員たけだ哲彦市政報告」等のビラが示すとおり、東保育所保護者会の名前をつかって三重県部落解放運動連合会松阪地区協議会（全解連松阪地協）や日本共産党が動いていたことは、はっきりとした事実であります。
「たいへんなことになる」と聞いた時、皆さんは子どものことを思いうかべ反対されたのではないかと思います。しかし、公開保育とは、普段の保育を公開し保母の資質・人権感覚及び保育内容の向上をめざして研修するものであって特別なことではありません。
それでは、なぜこういう公開保育を「たいへんだ」といったのでしょうか。三解連が反対したのは、公開保育の主催者である三重県解放保育研究会（三解保）の中に解放同盟が入っていたことだけではないでしょうか。

保護者以外の人が保育所へおしかけ保育所内を混乱させることは弱い者へのしわよせであり差別です。

子どもは、大人側からみれば弱者です。一部保護者会役員の相談に応じ指導した全解連松阪地協の竹田哲彦委員長や橋本進書記長は東保育所に対してのデマをながしたり、保護者会役員と同席したりして、０才児の赤ちゃんから保育されている東保育所に対し、保育所運営にもかかわる保育内容への介入を行なってきました。一部役員の東保育所への抗議は、保育時間中に保育の場へ押しかけるという、時と場所を選ばない、子どもの存在を無視した非常識な行為です。また、東保育所が良いと思って我が子を入れた親の思いをかきみだし、デマによって不安と不信感を大きくしていったことも許せません。
民主的な話し合いというのは、お互いの考えを出し合うことができる状態が保障されてあゆみよるものです。
東保育所近隣の方々は、東保育所内でおこなわれた「話し合い」から異常な雰囲気を感じ、不安になられたのではないでしょうか。今、大切なことは、東保育所を含む地域のすべての人が真実を知ることではないでしょうか。

「かけはし」第１号

３号まで、中身は「解放保育」の公開保育のかれらのいう「いきさつ」と共産党・全解連攻撃です。とにかく私たちの活動を「デマ」呼ばわりし、これを教員などが配っていたのではないかと思われます。教員・公務員が政治活動してよいのかが問われることになり、当時の市長が「任命権者として好ましくない」と議会答弁するほど社会のルールをわきまえない異常さでした。

教育現場の支配のやり方の一つに、露骨な「思想調査」がありました。出版物の案内を装いながら各学校や園がどんな新聞や雑誌を購読しているか、「松同推事務局」名で提出せよというやり方です。「部落」「解放の道」「国民融合通信」などが排撃の対象になったことは言うまでもありません。とにかく、松阪の教育・保育を共産党と全解連系を除いて彼らの主張一色で塗り固めようというやり方でした。

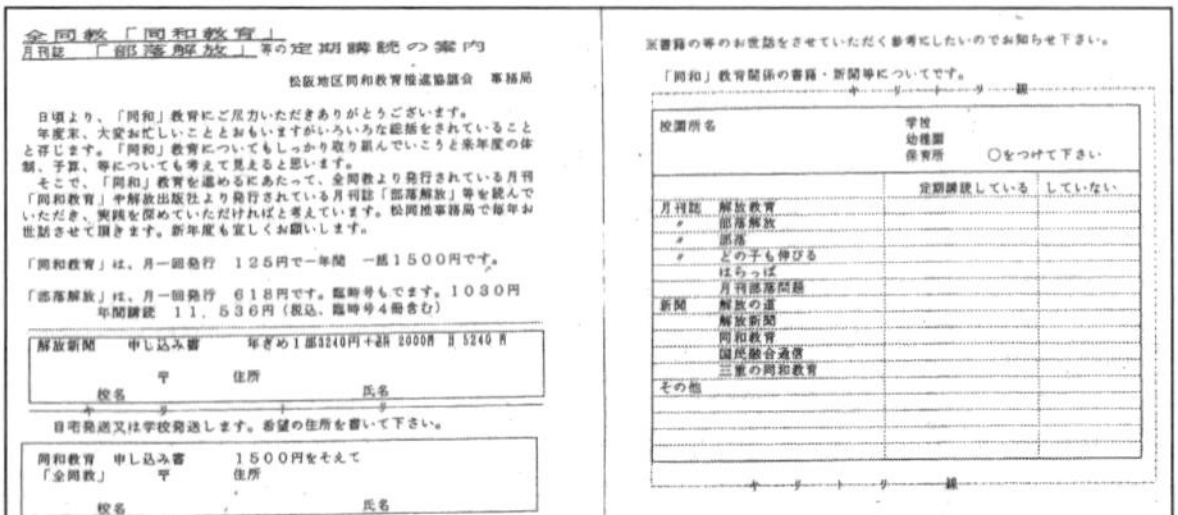

全同教「同和教育」
月刊誌「部落解放」等の定期購読の案内

松阪地区同和教育推進協議会　事務局

日頃より、「同和」教育にご尽力いただきありがとうございます。
年度末、大変お忙しいこととおもいますがいろいろな総括をされていることと存じます。「同和」教育についてもしっかり取り組んでいこうと来年度の体制、予算、等についても考えて見えると思います。
そこで、「同和」教育を進めるにあたって、全同教より発行されている月刊「同和教育」や解放出版社より発行されている月刊誌「部落解放」等を読んでいただき、実践を深めていただければと考えています。松同推事務局で毎年お世話させて頂きます。新年度も宜しくお願いします。

「同和教育」は、月一回発行　１２５円で一年間　一括１５００円です。

「部落解放」は、月一回発行　６１８円です。臨時号もでます。１０３０円
年間購読　１１．５３６円（税込、臨時号４冊含む）

解放新聞　申し込み書　年ぎめ１部3240円＋送料 2000円 計5240円
〒　住所
校名　氏名

自宅発送又は学校発送します。希望の住所を書いて下さい。

同和教育　申し込み書　１５００円をそえて
「全同教」　〒　住所
校名　氏名

部落解放　申し込み書　代金　一括　１１．５３６円
「解放出版社」　住所　〒
校名　氏名

学校又は個人に「松同推」より毎月届けます。

その他　注文したい本　冊
学校名　氏名

※書籍の等のお世話をさせていただく参考にしたいのでお知らせ下さい。

「同和」教育関係の書籍・新聞等についてです。

校園所名　学校／幼稚園／保育所　○をつけて下さい

		定期購読している	していない
月刊誌	解放教育		
〃	部落解放		
〃	部落		
〃	どの子も伸びる		
	はらっぱ		
	月刊部落問題		
新聞	解放の道		
	解放新聞		
	同和教育		
	国民融合通信		
	三重の同和教育		
その他			

ご協力有り難うございます。
返信用の封筒にいれて、それぞれの所属の団体の事務局か教育会館へ届けて下さい。

松同研
松同保
高同推
教育会館

「松同推」が出した調査用紙

2. 現場いじめのレポート検討

「解放保育」が地域や保護者に受け入れられなかったことは先に述べましたが、その後「松同推」の一部による「レポート検討」という名目での保育現場いじめはひどいものでした。実践交流会なる行事をつくり、彼らの気に入るレポート作成が強要されました。気に入る内容になるまで、保育士さんが深夜の時間外勤務をせざるを得ないというひどいものでした。市議団は再々議会でも取り上げ追

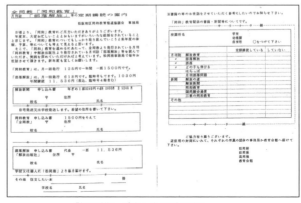

及しましたが、市当局は時間外を減らすようにしているとすり替えたりしました。横暴はそのままにして主体性のない市の態度は矛盾をより拡大する結果になりかねませんでした。

住民や保護者に受け入れられない彼らが、その住民や保護者と共同する勢力を排撃する、教育・保育現場を反共攻撃の場としました。しかしながら、彼らのやり方は２０１４年の「松同推」の崩壊で終焉をむかえます。結成から25年近く経ち、当初の勢いはなく組合役員の世代交代などもあって会議や集会の時だけの形式的なものへと変化しました。組織と活動の衰退を反映していったのでしょうか。

彼らの教育支配を許さなかったこの過程は、まさに松阪の保育・教育とともに民主主義を守り抜くたたかいであったといえるのではないでしょうか。

※参考文献「『同和保育』の廃止こそ真の〝解放〟に」（１９９６年、全部研分科会報告）

第7章　糾弾路線の行き着く先―松商事件と弓矢裁判―

1．教育現場でも「糾弾路線」が当たり前に

彼らの支配体制の行き着く先が、校長先生の自死という悲劇につながりました。「確認糾弾も学習の場」といい、差別発言マニュアルをつくっていた三重県の同和行政・同和教育の帰結というべき残念な出来事でした。このころは、松阪市も県と同様に糾弾会へ会場を貸すといった「解同言いなり」

の一面は否定できません。次にこのことについて述べたいと思います。

１９９９年４月、松阪商業高校の教員であった弓矢氏の自治会内での発言が「差別発言」とされ、解同、同推教員、県教委などによる内心に踏み込む調査、確認(8月9日、9月23日など)が繰り返され、11月5日には松阪市役所5階正庁を会場に「糾弾学習会」が行われました。当時の学校内では、同推教員がこうしたやり方の先頭に立ち運動団体と一体にことを進めていたといっていいでしょう。教育・保育現場を動員する「糾弾学習会を実施します」というお知らせが配られたりして、職場へ動員をかけています。

「糾弾会」を報じる「解放新聞」三重版

この「糾弾学習会」に対して、黙っていたわけではありません。11月4日全解連松阪地協(委員長・竹田哲彦)が松阪市長に対し、「松阪商業高校教員による『差別事件』に関する糾弾学習会に対する申し入れ」を行いました。項目は、①自治会と地域住民で解決する問題であり、行政や運動団体など介入しないこと、②糾弾学習会などに松阪市の施設の使用をやめる事。市の行政関係者の出席はやめる事。これは議会での市長答弁をくつがえすことであり、議会答弁をまもることは行政責任者の最低の責任です」というものでした。市は、これらに応えることなく「糾弾学習会」を実施しました。その後、市議会や決算などの審議で市の責任を問いつづけることになります。

そして次の糾弾会や学校内外の取組が強要される過程で、12月15日に松阪商業高校校長の自死という痛ましい出来事が起こりました。

この時私は日本共産党三重県議団（萩原量吉、真弓俊郎２人）の事務局の任にありましたが、１９９年12月15日の県議会の控室で、萩原氏に「今朝松商の校長さんが自殺したということで大騒ぎだが、松阪で何かあったのか」ときかれ、上記のような経緯の概要と資料を伝えました。そして、県教育委員会同和教育課へ調査したところ、11月5日の「糾弾学習会」の場に県から２２４人の教員などが「公務」として参加しているという、三重県の教育行政の異常さがあらわになりました。当時の県教委は、「糾弾も学習の場」という異常な姿勢だったのです。

糾弾学習会の様子は、11月30日付「解放新聞」三重版に「松商教員自治会独立差別事件第一回糾弾学習会開催」と大きく報道され、第2回以降も同じ規模で続けることなどを書いています。その後、こうした糾弾会は開かれることはありませんでした。この事件を報じた2月17日号の『週刊新潮』には、「関係者」の言葉として「校長先生が生前に愛用されていたカバンの中からノートが見つかって、そこには県教委による聞き取り調査や、確認会、糾弾集会の内容がびっしりと書き連ねてあった。遺族は、〝父が死ぬ理由はほかにない〟といっていたそうです」という記事があります。

この松阪商業高校校長自死問題は、三重県の同和行政・同和教育の乱脈ぶりを全国に発信するものとなりました。

2．同和対策事業の終結で三重県行政に変化も

三重県の同和行政・同和教育の異常さは、松阪商業高校の事件が起きる以前から指摘されてきたことでした。１９９１年にポプラ社刊『日本の歴史』にあった米騒動と地名にかかわる記述が解同から

差別と決めつけられ、学校・図書館はもちろん、個人購入の図書まで学校を通して回収させるという焚書の強行の片棒を教育行政がになうかのような事例(ポプラ社事件)、１９９５年に三重県立図書館が同和問題に関する図書１４２２冊のうち「解同系」以外の３０９冊を「県の方針に反する」との理由で閉架にする図書館法に違反する行為、「松同推」と共催で人権フォーラムを主宰し、小学生・中学生を動員することを行い、「特定の運動にかかわる」という指摘には「目的が中立と判断した」と開き直る、同和奨学金が貸付制度になってからも返済措置がなく、国へ肩代わり返還が数十億円にも上る問題など、当時の三重県の同和事業予算は１４０項目90億円を超えて、全国でも突出した状況といわれました。

特に顕著な問題は、確認・糾弾について「確認糾弾も学習の場」といって糾弾学習会へ教職員を公務参加させるやり方です。確認・糾弾にかかわって改善を求める「要望書」が、津地方法務局長から三重県教育委員会へ出される有様でした。

県教委が、２００４年4月に出した「学校における差別事象対応マニュアル」は、「関係者会議」の関係者に解同を加え、教委・三同教も一体となって「報告」「協議」さらに「実践報告・発表」という解同の確認・糾弾とぴったり符合する内容になっており、これが学校に押し付けられたのです。このやり方は、のちに松阪商業高校事件にかかわってたたかわれた弓矢人権裁判で厳しく断罪されることになります。

当時私は日本共産党三重県議団の事務局の任にあったのですが、松阪商業高校事件を究明するたたかいとともに、異常な三重県の同和行政・同和教育の見直しの取り組みを進めました。２００１年4月の「同和シンポ」(党県委員会主催・松阪で)を開催したり、問題提起をしたりしました。

その時期は、「地域改善対策特定事業に係る国の財政上の特別措置に関する法律」（「地対財特法」）が２００１年度で終了し、国のレベルで33年間続いた同和対策事業(地域改善対策事業)が終結するという時期にもあたっていました。同和事業の本格的な見直しに入ったといったときで、三重県でも２０００年12月議会で北川知事が「31年間の同和対策の成果と課題を検証、事業の見直しを進めている」と答弁、２００１年1月に総務省「今後の同和行政について」が出され、6月に「同和事業の成果と課題について」(県議会生活振興委員会)、同10月に「同和対策事業の見直し」(県議会生活振興委員会)を発表するに至りました。

松阪市では、下水道補助をはじめ、地域を限定した特別対策としての「同和行政」は終結したこと、具体的な見直しが進んだことを示したと思います。

県の動きはあっても、県下の市町がどういう方向へ持っていくかは、その後のたたかいの課題であることを提起していましたが、県下の市町によってはいまだに同和事業が残存していたり、「解放教育」まがいの教育実践が続いている事例を見るとき、自治体におけるたたかいの出発点は１９７０年代半ば、国民融合論が提唱されたころからであり、「解同朝田派」とのたたかいは部分問題では決してなく、国政や地方政治全体の問題だという位置づけで、不公正を一掃すること、その一つひとつのたたかいが重要だということを改めて実感します。

※参考文献

・「現地報告」（『部落』２００1年6月号）／「三重県の同和行政終結へ―解同との癒着を断ち、教育行政の見直しが焦眉の課題」(月刊『解放の道』２００1年9月)
・「異常な同和行政、ついに『見直し』へ」（『部落』２００1年12月号)

・「異常な同和行政『見直し』へ大きく前進」（『議会と自治体』２００２年１月号）
・「同和行政終結の到達点と今後の課題」（『人権と部落問題』２００５年２月特別号）

３．三重県の教育行政を断罪─弓矢裁判の意義─

１９９９年に起きた松阪商業高校校長自死事件とその要因となった弓矢教員の「発言」の問題、その後の懲戒措置などをめぐって２０００年10月から弓矢人権裁判がたたかわれました。２００４年11月に津地方裁判所の一審判決で、三重県に対し慰謝料の支払いを命じました。その後、三重県と原告ともに控訴し、２００６年３月に高等裁判所判決が出ました。

判決については「判決には不十分さあるが、全体としてみなさんとたたかってきた成果として相当の前進を勝ち取ったと評価できる」（原告弁護団見解）と述べられています。

この結果については、『人権と部落問題』（２００６年６月号）に「弓矢裁判で問われたもの」として、二審の裁判をたたかわれた石川元也弁護士ほか５人の方々の論考が寄せられています。石川氏の文章をお借りすれば、「『差別事件』とし、解同の糾弾を免罪しつつ、『確認糾弾への出席強要の違法性を再確認するとともに』『確認・糾弾をめぐる関連行為をひろく違法と断じた判決の意義は極めて大きい』」とされ、「勝利部分の積極的意義を確認し、三重県の解同癒着の教育や教育行政の是正の足がかりをかちとったことを、今後の運動に生かしていけるものと確信する」と述べられていることは私たちにとって大きな力となるものといえます。

一審判決について、解同側は弓矢発言を差別と認めた、確認・糾弾を肯定された「理想的な勝利」などと、うそぶいた「見解」まで出していましたが、二審以降そんなことが言える状況がなくなりました。現在「部落差別解消推進法」による逆流のもと、参議院法務委員会附帯決議が指摘する「行き過ぎた運動」とこの判決の意義をしっかり確認して、県行政の現在の姿勢をただしていく力にすることが求められているように思われます。

4．同和事業終結と優れた事業継承の意義－下水道宅内配管補助制度をめぐって－

同和対策事業が終結する時期の大事な成果として、下水道水洗化補助事業について触れておきます。松阪市の同和行政・人権施策の在り方として、住宅新築資金の到達と市営住宅管理運営基金の創設があることを述べましたが、それと合わせて下水道事業の補助金制度にかかわる達成があります。同和対策の最終といっていい時期の事業に、下水道の整備とそれにかかわる個人負担や宅内配管整備費用補助が課題となりました。

１９９８(平成10)年から下水道事業が始まりましたが、当時の同和対策事業の指定地区にはいずれも１㎡当たりの負担金の減額と宅内配管補助が行われるというもので、同じ下水道事業にもかかわらず同和地区内外で違う措置がとられました。その過程で、当時の日本共産党市議団は、「新たな分け隔てではないか」と批判し、同和地区に限らず社会的に弱い立場の方々への補助こそ必要ではないかという議論をまき起こし、ひとり親、高齢者、障がい者世帯を対象とする独自の水洗化補助制度として実現しました。所得制限は生活保護世帯の１・５倍未満の世帯とされましたが、のちに２００８年(平成20)度から所得税非課税世帯まで広げられました。同和対策事業が終結する時期で特別措置の優れた内容は一般対策へ引き継ぐべきという提起がありましたが、三重県も松阪市も法の終了で同和対策としての下水道補助はなくなりました。松阪市では新市合併後もこの制度が引き継がれ、下水道普及のための措置として有効に実施されています。

第8章　〝闇支配〟の暴露と議会役員選挙での決着―合併直前の激突―

1．差別発言呼ばわりに「解同交渉」の暴露で反撃

私は2003年4月の市議選で市議会議員として復帰を果たし、ふたたび松阪市でのたたかいが主戦場となりました。激突のはじまりは、2003年11月議会で同僚の今井議員の発言が「差別発言」よばわりされたことから全面的な対決となりました。

そして2004年5月の合併直前の旧松阪市議会の最後の役員選挙で、日本共産党の竹田副議長を誕生させるという大きなたたかいでした。数年前、議会事務局の若い職員さんから「役員選挙で14対12という結果を見たんですが、こんなことあったんですか」という質問をされました。これは2004(平成16)年5月の臨時議会の副議長選挙で、竹田議員が当選したときのことです。その時は在籍27人で14対12、無効(白票)1という結果でした。

「事実あったよ。でもこれにはちょっと長い話になるけど…」と前年11月議会の決算特別委員会以来の経過があるという話になり、資料を探すことになりました。ことの発端は、今井議員の決算委員会での住宅新築資金特別会計に関する質疑での発言を一議員が問題視して取り上げ、いつの間にか「松同推」が「重大な差別発言」と決めつけて、謝罪などを求めてきた一件です。その年の12月議会

では、同調する議員から「差別発言」だと決めつけて市長に見解を求めるとともに議会に調査委員会の設置を求めてきました。自治会関係者まで動員して差別だと認めさせ謝罪などを求める動きが執拗に行われ、議員団へも「抗議」があったりしました。私たちは一つひとつきっぱりはねのけました。

事務局の職員さんが「これですか」と探してくれた資料が、2002(平成15)年12月10日に行われた幹事長会議(今でいう会派代表者会議)の記録でした。決算委員会の会議録を起こして「差別発言」かどうかを検討したのですが、その後多数の会派が「差別発言ではない」「差別発言とは受け取れない」という集約でおさまりました。その結果、議会としての調査委員会は置かれませんでした。ここぞとばかりに日本共産党攻撃をかけてきたのですが、そうはいかなかったのです。

この時私たちが反撃したのが、先に述べた「闇支配」の交渉と合意文書の暴露追及でした。私たちは、交渉が行われていることは承知していましたし、文書の存在の可能性もつかんでいたことから、竹田議員を中心に情報公開制度を活用して文書開示請求を行いました。「合意文書」は公印を押した行政文書ですし、交渉や話し合いの記録も行政行為です。情報公開制度では隠すことは違法です。開示請求に対し、わかる限りの文書を出してきました。

2. これが解同の行政支配

1996年ころから「解同交渉」が常態化し、市側との「確認書」を交わすやり方が進められました。全貌を明らかにしたのは、2003(平成16)年12月議会のたたかいでした。明らかにしえた「交渉」と「合意文書」を『部落解放同盟の行政支配を暴く―松阪市と部落解放同盟松阪支部との合

『部落解放同盟の行政支配を暴く―松阪市と部落解放同盟松阪支部との合意文書の記録―』

意文書の記録＝２００３年１２月議会のたたかいから＝』としてまとめました（以下『合意文書資料集』）。松阪市と部落解放同盟松阪支部の間で、少なくとも１９９７年から６年間にわたり、定期的に「解同交渉」とその結果を確認する「合意文書」が取り交わされてきました。松阪市の行政、教育が解同の要求にこたえる形で市長以下全部長が公印を押しているのです。交渉によって市政の基本方向が変えられていきます。

例えば、「新松阪市総合計画」における同和行政の位置づけについて、「部落差別の現状認識と同和対策事業の見直し」の「結語」を入れることに合意、「基本構想」の見出しが「人権の尊重」から「人権の尊重と同和問題の解決」に変化させるといった具合です。人権センターの設置、部落史編纂事業の推進などその後の市政の大きな対決点になった課題などをはじめ人事配置、各種相談員の配置や人選問題におよび、農業、保育、下水道料金、共同浴場の補助金、市営住宅、改良住宅の入居、はては各学校や

ＰＴＡの各クラスに人権委員を設置せよなど、とにかくあらゆる分野の行政課題、政策にかかわって「合意」させられています。これらは単に行政に対する運動団体の介入といった生易しいものではなく、松阪市政全体に解同の〝闇支配〟のシステムが存在したことを示しています。

『合意文書資料集』の中で、１９９９年12月14日の「市長と部落解放同盟松阪支部との話し合い」(解同側６人に対し、市は市長・助役以下部課長、担当課の係長まで31人が出席)で、解同側は次のように語っています。「松阪市は三重県の中でも人権社会づくり。奥田市長の言葉でいうと『人間都市松阪』の実現のためのいろんな基本方針を先進的にしたということは高く評価できる。(奥田市政の)３期12年は松阪市にとって、それまでの松阪市の方向とは正反対に、僕らとしては国際的なあるいは国内の流れに沿った選択をされたと高く評価している」とまで持ち上げ、奥田市政の同和行政がいかに「解同言いなり」か、それまでと変わったかをあけすけに語っています。

住民から乖離した彼らが、一方で教育現場へは反共攻撃で恫喝《どうかつ》し、一方では行政を思いのままに支配するという「体制」がつくられていったことになります。それゆえに、それを一掃するたたかいの意義が改めて浮き彫りになってくるといえましょう。

この経過をまとめて『部落解放同盟の行政支配を暴く―松阪市と部落解放同盟松阪支部との合意文書の記録―』を著すことになりました。この時、議員団として１００条委員会設置を求めて議案提案し、無記名投票に持ち込み賛成７票という結果を引き出しました。私たち４人以外に３人の賛成があり、実質勝利という結果でした。これは彼らの目論見を崩す一歩となり、その後「合意文書」が公には作成できない状況をつくったと思います。

※参考文献「行政・解同一体の闇支配一掃へ新たなたたかい」(『人権と部落問題』２００４年４月号)

3．「部落の子の数を調べよ」―三同教の横暴をやめさせる

2004年の春に起こった三同教の「部落の子の数を調べよ」というとんでもない調査をやめさせたという一件があります。

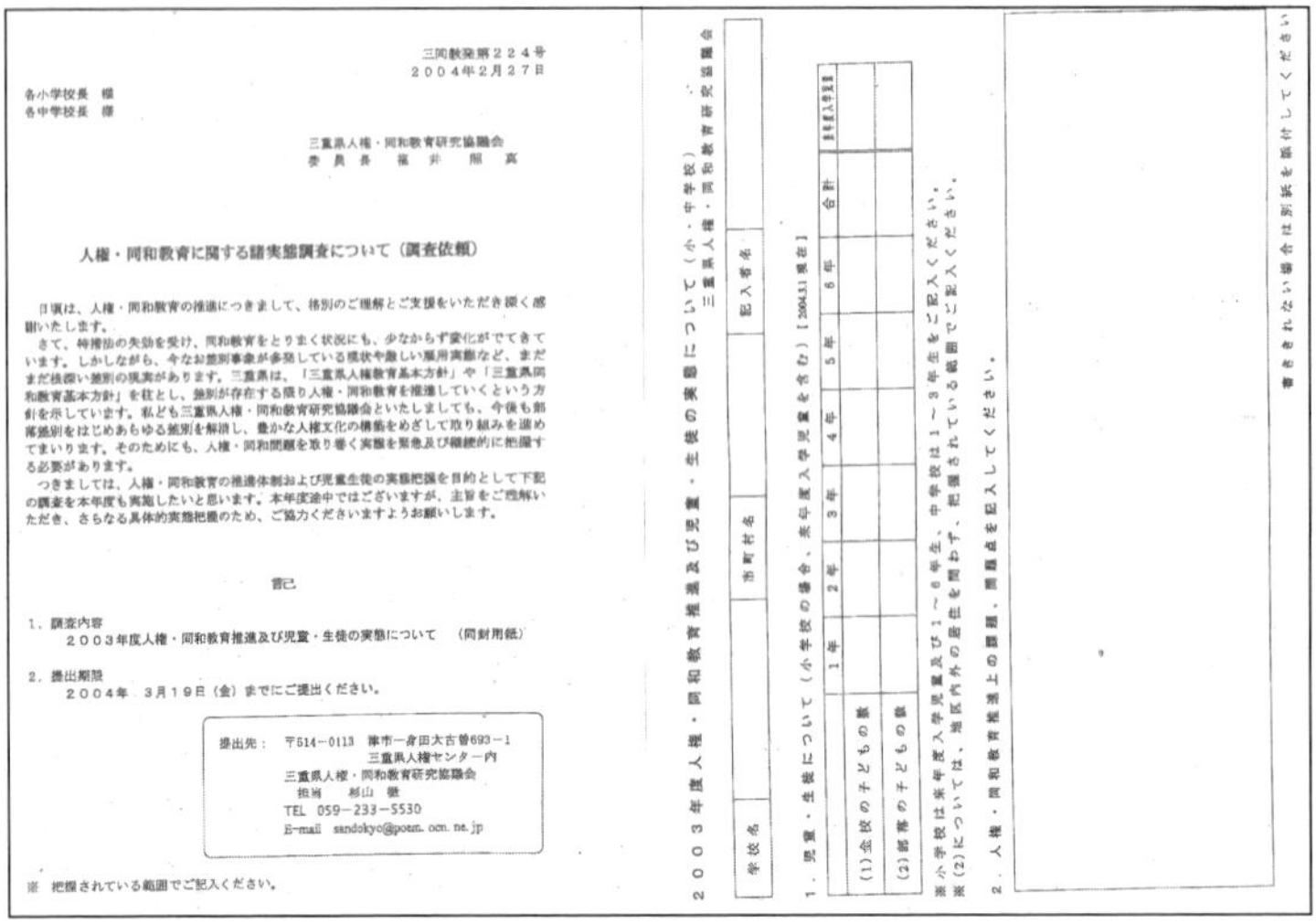

三同教発第２２４号
２００４年２月２７日

各小学校長　様
各中学校長　様

三重県人権・同和教育研究協議会
委員長　福井　照真

人権・同和教育に関する諸実態調査について（調査依頼）

日頃は、人権・同和教育の推進につきまして、格別のご理解とご支援をいただき深く感謝いたします。

さて、特措法の失効を受け、同和教育をとりまく状況にも、少なからず変化がでてきています。しかしながら、今なお差別事象が多発している現状や厳しい雇用実態など、まだまだ根深い差別の現実があります。三重県は、「三重県人権教育基本方針」や「三重県同和教育基本方針」を柱とし、差別が存在する限り人権・同和教育を推進していくという方針を示しています。私ども三重県人権・同和教育研究協議会といたしましても、今後も部落差別をはじめあらゆる差別を解消し、豊かな人権文化の構築をめざして取り組みを進めてまいります。そのためにも、人権・同和問題を取り巻く実態を緊急及び継続的に把握する必要があります。

つきましては、人権・同和教育の推進体制および児童生徒の実態把握を目的として下記の調査を本年度も実施したいと思います。本年度途中ではございますが、主旨をご理解いただき、さらなる具体的実態把握のため、ご協力くださいますようお願いします。

記

1．調査内容
２００３年度人権・同和教育推進及び児童・生徒の実態について　（同封用紙）

2．提出期限
２００４年　３月１９日（金）までにご提出ください。

提出先：〒514－0113　津市一身田大古曽693－1
三重県人権センター内
三重県人権・同和教育研究協議会
担当　杉山　徹
TEL　059－233－5530
E-mail　sandokyo@poem. ocn. ne. jp

※　把握されている範囲でご記入ください。

２００３年度人権・同和教育推進及び児童・生徒の実態について（小・中学校）
三重県人権・同和教育研究協議会

学校名		市町村名		記入者名	

1．児童・生徒について（小学校の場合、来年度入学児童を含む）［2004.3.1現在］

	1年	2年	3年	4年	5年	6年	合計	来年度入学児童
(1)全校の子どもの数								
(2)部落の子どもの数								

※小学校は来年度入学児童及び1～6年生、中学校は1～3年生をご記入ください。
※(2)については、地区内外の居住を問わず、把握されている範囲でご記入ください。

2．人権・同和教育推進上の課題、問題点を記入してください。

書ききれない場合は別紙を添付してください。

三同教が出した「部落の子を調べよ」の調査用紙

予算議会の準備中だったと思いますが、ある町議を通してある校長先生（市外の方）から「こんな調査が三同教から送られてきた」とファックスで調査用紙なるものが届きました。各学校へ三同教から直接送られたもので、各学校の部落の子の人数を報告せよ、しかも今は地域から出ていっている子も報告せよという内容でした。属人で部落の子を調べよとは差別解消に逆行するとんでもないものです。松阪市の予算議会で「もし学校で部落の子の数を調べよという調査をしたらそれこそ差別ではないか」と質問、当時の下村市長は「ありうべからざることと」と答弁、それならこれを見よと送られてきたファックスを拡大コピーした調査用紙を掲げて追及しました。議場の雰囲気が一変しました。とんでもないということになり、全県を動かし調査は中止となりました。

私たちは「あれほど差別糾弾を言う『解同』も三同教には何にも言わないのか」と指摘しました。市町の教育

委員会も通さず、直接学校へ調査依頼するといった彼らの傍若無人ぶりは目に余るものと言ってよいでしょう。三重県教育委員会などへも厳しく抗議する中で調査を中止させました。この時あれほど「差別発言」を取り上げ攻撃する解同がこの調査については何一つ発言しないことを指摘しました。身内は何をしてもいいということだったんでしょうか。

※参考文献「『人権・同和』による人権侵害―三同教の調査をやめさせる（現地報告）」（『人権と部落問題』２００4年5月号）。

4．ついに役選が決戦の場に

合併前の旧松阪市議会の最後の役員選挙が激突の場となりました。当時は定例選挙が統一地方選の4月ということから、5月臨時議会で議長をはじめ役員選挙が行われていました。２００5年1月1日に1市4町の合併が決まり、最後の役選の場で議長候補は全会一致となる見込みでした。ところが副議長選に前年11月に今井議員の発言を差別と指摘し、解同や「松同推」とともに日本共産党攻撃を仕掛けた当人が候補者として浮上してきました。議会前の会派代表者会議などで調整がはかられますが日本共産党議員団としてはっきり調整を拒否し、副議長選に竹田哲彦議員が立候補すると表明してたたかうことになりました。この議員がもし副議長になったら、議会が解同言いなりになるのではないかという心配が議長予定者の会派などから広がるという動きができました。

そのころの「かけはし」（「松同推」の機関紙とされていた）では、前年秋の今井議員の発言などへ引き続く攻撃とともに、議会も攻撃しかねないことは十分予測され、「かなわんな」という気分がありました。私たち議員団は、こうした動きを大事にしながら一人一人説得し、いわゆる多数派工作をしました。とにかく対立候補を支援する議員に悟られず、多数を獲得するための努力を重ねて数日間緊張のたたかいでした。その中で、多くのドラマのような動きがありました。ここで少なくない議員の方々に問われたのが日本共産党の議員を支持するか、解同側を支援するかという大きな選択ではなかったかと思います。議場へ向かう票読みでは、多数がとれているという実感でしたが、政治はどう動くか最後まで緊張の連続でした。投票が終わって私が開票立ち合いになりました。相手は当選間違いなしと考えていたでしょうが、拮抗する開票の中で議場の雰囲気に緊迫感が高まっていきました。結果が出て「ああ哲ちゃんか」という相手の立会人のつぶやきが今も耳に残ります。

結果は竹田14票対相手12票、無効(白票)1でした。政治は生き物という数字が出たのです。いずれにせよ、党派を超えて解同路線を拒否する強い動向があること、たたかえば道が開けることを実感した出来事でした。

前年秋以来の今井発言への攻撃やそれまでの日本共産党攻撃に対し、行政支配の交渉経過の暴露や三同教の横暴など一つひとつたたかってこの決着を得たといってよいでしょう。２００４(平成16)年5月18日のことです。実はこの5月18日というのは、後に早世された竹田さんのご葬儀の日と重なりました(２０１９年)。私は弔辞のなかで、この役選のたたかいのことも述べましたが、共に闘った同志を送る際の弔辞として、特に感慨をとどめています。

第9章　議会で言ってもらってスッとした

合併した2005年から約10年間は、こんなことまでするのかと思うような解同幹部の不公正や横暴と市当局の主体性の欠如を一つひとつ明らかにしながら是正を求めていった時期でした。

1.「同和地区はもうない」と明言しながら

2006年2月の全員協議会で「同和地区はもうない」という際立った発言が当時の市長(下村氏)からありました。それにかかわらず、その後の意識調査では「同和地区」という用語が使われてきたことは先に述べた通りです。

2.「特定の個人、団体に偏らない」と言いながら

新市合併後の「人権条例」なども課題の一つでした。合併前の旧松阪市と嬉野町は「人権条例」がありませんでした。一方、旧飯南、飯高、三雲の三町は県張りの条例がありました。そこで、「合意文書」の交渉では合併後どうするということまで「話し合われ」たのです。闇支配の一端だと思いますが、それはそれとして新市の「人権条例」などどうするかという時、幾多の経過を示しながら、これが特定の個人・団体に偏ったものにならないかを大きな論点としました。

その過程で、わざわざ「特定の個人・団体に偏らない」という答弁をしたのが当時の市長でした。

ところが、のちに明らかにしますが、偏らないどころかまるっきり言いなりで事業を丸投げしていました。言いなりが悪ければ、協調路線をとっていたとでもいうのでしょうか。言っていることとやってることの乖離はひどいものでした。

3．改良住宅へ表札が―2004年決算議会―

二戸一の改良住宅に解同書記長と人権教育推進の夫妻(当時)の表札がかかっているという、にわかに信じられない情報が入りました。改良住宅は政策によるもので、持ち家のある人が入れるはずがありません。彼らは3階建ての立派な家をもっていることは広く知られています。「こんなのいいのか」と事実確認しました。確かに表札がかかっていました(写真は今も保管)。

改良住宅条例に反することは明らかです。決算で追及しました。担当部長は「表札があっても、契約者と入居している人とは同じとは限らないので」という苦肉の答弁。そこは善処を求めて穏やかにしましたが、だれがみてもできっこないことを平気で行う彼らの本質が露見したということです。退職してずっと経ってから、この部長とばったりと会いましたが「あれほどこまったことはなかった」とこぼしていました。いかに言いなりとはいえ、許されないことを平気でやるということが歴然としました。

4．自動車学校差別問題で出身校にまで介入―2005年決算議会―

「久松君、なんでこんなことを県や市が言ってくるのか」と私の出身高校の当時の校長先生から話がありました。何のことかお尋ねしたら、「自動車学校の差別事件」ということ。「どうしてこの問題と学校が関係あるのですか」「問題を起こした人物がうちの卒業生だったということで、大学とも団体や行政から話がきた。なんで市や県がやってくるのか」ということでした。

行政が関与していることから一連の事実を情報公開で取り、問題の経緯を把握して、次の議会で取り上げました。解同主催の話し合いに松阪市は、県とともにオブザーバー参加したということでしたが、「私は保護司をしているが、生徒が過ちを犯したらどう更生するか学校と話し合う。差別事象があったら、どんな教育をしとったのかと出身校まで介入をするということがあるか」と指摘しました。まったく答えはありませんでした。その際に担当部長へ、答えることは無理だろうけど逆に相手(解同など)へ「議会でつっこまれたら答えられない」と言っておいたらよいと伝えました。

5．破格の謝金の支払いまで―2006年決算議会―

住宅の表札のことがあって間もなく、またも驚く話がありました。住宅関係職場の人権研修にかの人権教育推進員を講師に呼んで研修し、その講師謝礼に破格の金額を払っていたのです。指導員は予算にも明記されている市の非正規の職員であり、人権研修はいわば職務も同じです。しかも前年度の決算で表札が問題になった当人で、改良住宅は住宅課の管轄です。そこでの研修だったら時間外か代休扱いで済むはずが、破格の講師謝礼を出していたという事実です。職員課長に確認したらなんと3万円を出していました。その根拠もなく講師料が3万円というのは今でも大学教授並みの破格の扱いで、部内の職員にこんな金額を出すことは考えられないことです。決算委員会で追及しましたが、講師名簿があるからとか言い訳してもまともな基準は示せずひどい話でした。

その際の討論で「2004年の旧松阪市の決算審議の中で、改良住宅に明らかに居住していない人物の表札があることが市民の指摘で判明し、当時この問題について建設部長は、早急に実態把握をして是正していきたいと答弁していました。ところが、当決算年度の2005年8月10日の住宅課の人権研修の講師にこの表札にある人物、松阪の人権教育推進員を呼んでいたのです。決算委員会では、行政執行上、是正の対象になる人物を担当課の講師に呼ぶということ自体が異常だと指摘し、委員会では部長も担当課長もそれを認めました。その過程で、講師選任は講師名簿に基づくこと、また講師謝金は職員課を通して支払われたと説明がありました。即刻、職員課に聞いたところ、謝金は3万円、講師名簿は存在していないことがわかりました。住宅課の説明が誤りであることが判明をいたしました。人権教育推進員は教育委員会所属の職員の1人、市の雇用関係にあり、謝金そのものも出す必要があるのか、しかも、同じ庁内の人物にその職務上の内容の研修で3万円という値段は余りにも高額ではないかと指摘をいたしました。教育委員会からは、午後5時以降の行動で掌握していない、本人からの報告もないとの説明でした。しかしながら、職員が時間外であっても職務と関連して講師料や原稿料を受け取る場合は職員課に届けることになっているはずで、現に実施をされています。それを所属課も職員課も掌握していないどころか、職員課から高額の謝金を出すなどというのは論外と言わねばなりません。また、人権教育推進員の職務の実態については、教育委員会の掌握の中で当年度、2005年6月22日には当該の人物が弓矢裁判で名古屋高裁にいたことがはっきりしているにもかかわらず、行動日誌には全く違った記載があることが判明いたしました。事務上の間違いといっても、特に際立った日程にある日であり、それに気がつかない、あるいはこうして決算議会で指摘しなければ放置していたという教育委員会の事務処理は極めてずさんではないかと指摘します。本会議で市長は、こうした人的配置を公正・中立と受けとめると述べられております。いかがなものでしょうか。

これらの事実は、人権というと特定の人物に偏重するという松阪市の行政の体質があらわれたものではないでしょうか。また、各部局が責任をとらない、全くチェック機能がない、これまでも盛んに議会では、議員御指摘のとおりなどと答弁してもらっておりますけれども、実際の現場では、制度のはざまを縫って、結局、当該人物の行動、職務など、本人任せではありませんか。行政機構としての甘さのあらわれで、異常と言わねばなりません。この制度そのものをやめない限り、この矛盾は解決しません。本当に問題と思うなら、真剣な努力を求める。財産管理の問題についても、改めて反省と改善を求める」とはっきり指摘しました。マスコミも「市の不手際相次ぐ」と報道しました。

それから何年かたってからですが、すでに退職されていた方から「いつだったか、3万円の講師料のことを久松さんが決算で追及されていたことあったでしょう。ほんと胸がスッとした」という話をされました。「どうしてご存じ？」と聞くと「実際、決算答弁のために待機して、質疑を聴いていた」ということでした。

このことをお訊きし、保育現場はもとより当時の職員のみなさんが、いかに彼らの横暴に苦しんでいたか、おかしいと思っていたか、ほんとによくわかったというのが実感です。その後、当たり前の行政を取り戻すことになってよかったと思います。

6．「松同保」のフィールドワークなどを追及―是正約束・2008年決算議会―

保育園・幼稚園へレポート検討の押し付けのひどかったことは前述しましたが、2007年度の「松同保」の事業決算に「フィールドワーク」がありました。火曜日の平日「水平運動の歴史を訪ねよう」という名目で、保育士に対し、勤務時間中に解同幹部を講師に現地調査を行っているという事実が判明しました。人手不足で大変な職場状況のもと、現場の保育士さんが駆り出されて、なんで特定団体の幹部の講習を受ける必要があるのかと追及しました。次年度からこれはなくなりましたが、いかに言いなりなのか、やりたい放題なのかほんとに問われることでした。

これら数年間にわたる出来事はいずれも下村市長の時代です。彼らの下村市長との協調路線とはこういうことだったのでしょう。ルールからの逸脱のひどさ、なかなかものが言えない状況でしたが、職員のみなさんの思いがどこにあったかはっきり伝わってきました。

彼らは、私たち日本共産党議員団が議会の開催ごとに解同攻撃を強めるようになっていたなどと言っているようですが、事実はどうでしょうか。私たちの追及は「解同だからダメ」といった観念的な空論ではなく事実に基づく追及でした。その事実は行政や社会のルールをわきまえない、あるいははっきり逸脱する異様な在り方ということが否定できないものでした。だからこそ一つひとつのたたかいが利権と逆流の一掃につながっていったと思います。

7．ついに社会同和推進員の廃止を勝ち取る

逆流の始まりが「社会同和指導員」（のちに「社会同和教育推進員」と名称が変更)を置くかどうかから始まったと述べました。解同幹部とその家族に長年にわたって委嘱し、ときに公募という体裁をとりましたが、実質は変わりませんでした。利権と不公正の象徴といってよいものでした。

たびたび予算の修正案を出したりしてこの制度をなくすためにがんばりましたが、２０１０年の予算議会で、あと３人賛成があれば修正案が通るところまで追い込むことができました。そして、人権

教育指導員の課題に決着がついたのは２０１１年でした。あまりにひどい特別扱いの暴露や横暴を明らかにし、議会での修正案の提出などのたたかいを経てつくり上げた到達といってよいと思います。こうした経過に、議会の論議などを加筆した原稿を『国民融合通信』などに掲載してもらう機会を得ました。その時、大同啓五氏より「不正な事態に対して長期に亘って粘り強い取り組みを続けられてきたことに対して、心から敬意を表するものです」という一文をいただきました。いま振り返ってもとてもうれしいことでした。

※参考文献・報告

・第7回地域人権問題全国研究集会第4分科会での報告（『人権と部落問題』２０１１年8月号／「永年の道理ある主張が新たな局面開く『人権教育推進員』問題」（「国民融合通信」２０１１年10月号）

第10章　そして〝歴史的転換〟へ―「裏取引」の暴露から「松同推」の崩壊―

下村市長から替わった山中市長が「歴史的転換」と議会答弁でも述べたのが２０１４(平成26)年の予算議会でした。それまで解同幹部へ丸投げされていた人権関連事業(人権等相談委託業務、人権啓発冊子作成委託、人権文化フォーラム講師派遣業務委託、松阪市人権関係職員等養成講座委託業務のいわゆる「人権4事業」と言われた)が予算から一掃された時のことです。ここに至るには、彼らの「裏取引」というべき不公正に対する２０１３年からの徹底した追及があります。

1．啓発冊子をめぐる不透明なやり方を追及

２０１３年の予算議会の総務企画委員会で、保守系会派の議員が「人権啓発冊子」のことで質問し、それが「松同推」へいわゆる2号随契（地方自治法施行令第１６７条の2第1項各号に該当する随意契約）で行われていることが明らかになったと当時当委員会に在籍していた今井議員が伝えてきたことから始まりました。

「人権啓発冊子」については「部落差別」も含めて各分野の課題で毎年つくられていること、自治会の回覧などで回ってきていることなどは知っていましたが、発行は「松阪市」となっており、「まさか『松同推』に丸投げとは。そこまでやっているのか」というのがその時の実感でした。正直こんなことが今どきあるのかと耳を疑うほどでした。これほどまでに解同幹部言いなりか、と実態の根深さを実感したものです。担当部局へ「人権啓発冊子を松同推へ丸投げして、松阪市発行としてきたのか。こんなこと十何年もしてきたのか」ときいたところ、「久松さん知らなかったの？」との返答だったので「知っとったら黙っとるか」と言った記憶があります。

その後、初めに質問した議員と話をして、この課題は長年取り組んできた「人権同和」にかかわる重大な問題であり、私も取り組ませていただきたいと断り、徹底した情報開示請求を行って、ことの経過と実相をつかんでいきました。

全面的に取り上げたのは、２０１３年5月議会の一般質問です。不公正をただして誤った施策の廃止を求めるという目的で正面から取り上げました。

内容は三つありました。一つは、啓発冊子が松阪市発行という表現ながら、「松同推」に丸投げしていたことの問題、二つめは、その「松同推」とはいかなる団体であるのかということ、三つめは、

「松同推」に委託しながら、その経費が「松同推」の会計に記載されていないという問題でした。

まず、「松阪市発行」の「啓発冊子」が約10年間にわたって「松同推」に委託されていたという事実です。まったくわからない、表に出なかったやり方がありました。３月議会の総務企画委員会の質疑の中で重要な見解が示されました。「松同推という組織は、そういう冊子とか人権教育とか人権啓発にたけたところである。そういうところに委託して、こういう冊子をつくってきたんだ」との説明です。これが地方自治法施行令第１６７号の２の第１項第２号、いわゆる２号随契という随意契約で行われ、契約締結の理由に人権に関する専門性を有する必要があり、実績もあるということで行われていたのです。

次いで私は、委託先の「松同推」という団体がどういう団体であるのかをただしました。機関誌として「かけはし」というのが出されておりますけれども、内容を把握しているかどうか、組織体、役員などは明らかにされているかどうか、まずはっきりさせてもらいたいと質問しました。担当部長から「松阪地区同和教育推進協議会(「松同推」)は、１９８９年12月に松阪地区の関係団体などで結成された。目的は、『松阪地区における同和保育・教育の創造と実践、人権啓発、部落解放を担う人間を育てることに関する事業を行い、部落差別を初めとするあらゆる差別の解決に寄与すること』など。事業としては、同和保育・教育の内容の創造と実践、同和保育・教育推進のための研修会の企画、教材の開発・作成、部落解放の観点に立った人権啓発活動、部落差別の実態把握、調査研究、地域教育の活性化のための活動、機関誌等の発行などの活動など。構成は、加入団体は松阪市同和保育研究協議会、松阪地区高等学校人権教育推進協議会、三重県教職員組合松阪支部、三重県教職員組合松阪地区高等学校支部、部落解放同盟松阪支部、大台支部、明和支部、及び個人会員。機関誌『かけはし』

については、その内容及び役員名簿はみている。松同推は、人権教育、啓発のための研修会の企画、教材の開発など、幅広い人権教育、啓発を行っており、人権問題についての専門的な知識、技術等を持ち、地域の人権状況についても詳しいことから、啓発冊子の作成を委託している」とのことでした。

そこで、「松同推」の組織について、まず住所が部落解放同盟松阪支部と松阪地区同和教育推進協議会が並んでいて、同じ建物に同居していること(現在はまったく別の建物になっています)。発足当時、事務局長(今は専務理事)に部落解放同盟の代表者が座っているだけでなく、実に市教委社会教育課同和教育係が入っていた。運動団体と教育委員会が一緒くたになっていた、そういう団体だったことを指摘しました。

機関紙「かけはし」について、(今の「かけはし」は、冊子みたいなのだが)「かけはし」の1、2、3号はビラでした。中身は市議会議員の名前まで書いてあって、我々に対する攻撃文書、明らかな政治文書でした。こういうことがあって、当時(1994年ころ)の教育委員会との議論の中で、「教育委員会を連絡先とする職員が事務局次長になって運動団体と一体になった『松同推』は一体どういう団体か」と厳しく問いただしました。当時の三井教育長が、「松同推というのは別団体でございます。若干その考え方の違いもありまして」と述べながら、「そのことでいろいろ誤解を受けるところがあると思います。このこともせんだっての指摘がございましたとおりです」という答弁で、別団体とはっきり認めました。これ以来、松阪市教育委員会は「松同推」を公式の教育団体として扱わなかったことは続いてきました。このことは、この時の質問に当時の教育長も「当時の見解と同じでございます」と明言しました。

そこで、「じゃどうして教育の場において、公式の教育団体とは認められなかった団体へ人権啓発の委託をしているかということが問題だ」と論点をはっきりさせました。啓発冊子というのは、松阪市と同じ考え方だということで、市民に啓発するもの、だから発行は松阪市と書いてあります。「松同推」とは書いてない。松阪市と同じ見解だよということになったら、教育長からあったように、公式な教育団体とは認められないと言っている団体と松阪市は同じ見解に立つのかということになります。「いいんですか」と厳しく指摘しました。2号随契の丸投げの異常さが鮮明になりました。

このこととかかわって、議会での虚偽答弁のいい加減さも露呈しました。２００６（平成18）年に、このころは人権都市宣言とか人権条例をめぐっていろいろ議論がありました。一方でいろんな個別の不公正なことがありました。不公正が余りにもひどいじゃないかということで、不公正な行政運営ではないかということをやり取りする中で、当時の下村市長は、「特定の個人や団体などの意見に偏重することなく、行政として中立公正な立場で臨んでいかなければならないと、このように考えておりますので、よろしく御了承ください」と明確に答弁したのです。松阪市行政のあり方として、このときの答弁がずっとこれは生きているというのが本来のはずです。ところがこの時明らかになった２号随契は「特定の者と契約しなければ契約の目的を達成することができない場合」という（契約のガイドラインにそう書いてあります）もので、片方では、特定の団体、個人に偏ることは間違いだと言いながら、実際の事業のほうは、まったく特定の団体、しかもそれが１９９１年の事務所建設ができない、１９９４年の「解放保育」の取り組みが地域住民の反対でできないという住民ともかけ離れた、そして教育委員会でも公式な教育団体とは認められないような、そういう団体と契約を結んできたんです。今まで10年間、私もその２０１３年の時点で本当に明らかになるまで知りませんでした。先のような答弁があるから、まさかこんなことがされているとは思いませんでした。「松阪市の行政って、こんなんですか。議会で答弁したことと実際やっていることがまるきり相反する、こういう行政をやっているんですか」と追及しました。

これに対して、その時の山中光茂市長から「久松議員がおっしゃられるように、この人権という部分に関して、必ずしも松同推に対して2号随契でやらなければいけない状況が今かというと、決してそうではないというふうにはっきりと言わせていただきたい」「今後は、明確に、この団体とは切り離した中での人権啓発冊子をつくっていくことで、行政そのものが主体的に、この冊子をつくり、人権啓発活動を行っていくということをお約束させていただきたい」と明確な答弁があり、「その中で、今後、2号随契してきた案件においては、当然行政としても人権において、これまで行政のスタンスが人権にかかわってきた団体のアンケートやその整理を経ないと団体との兼ね合いの中で啓発などがしづらいという、ある意味言いわけじみた部分というのがあったと思います。今後は2号随契するつもりは一切ございません」「人権にかかわる部分が一番人権にこれまでさまざまな形で団体として行ってきた部分に丸投げをしていればいいんではないかという行政側の甘えもあったと思っています。その中で、行政として今後は、行政自体が主体としての人権啓発活動を行っていくということは必ず約束させていただきます」との明確な認識が示されて状況が一変することになりました。

三つめに追及したのが、委託料200万円の動きの問題でした。200万円で2万部つくっていますが、内訳は印刷製本が2万部で100万円、分析企画から原案作成、原稿検討、原稿料、校正まで含めて100万円ということになっています。ところが、「松同推」へ委託されながらその会計報告に重大な問題があることがわかりました。業務委託された団体が200万円受けていながら、みずからの会員にも総会にも200万円で受託していることがまったく書かれていないのです。「松同

啓発冊子の契約について徹底追及

推」の機関紙「かけはし」の一番新しい23号に２０１２年度の収支決算はあるのですが、２００万円がまったく書いてなかったのです。「どこへ２００万円消えていったのか知らんけれども、これまた不思議な話なんですよ。こんな形で税金というのは消えていくものなのか。本当にひどい話ですよ。改めるとあるんなら、本当にこの点を全部改めてやるというぐらいの決意があるのかどうか」と指摘しました。

その後の経緯は、実際に全面的見直しの方向に動いていくことになりました。また会計処理をめぐって「松同推」そのものが崩壊していく発端となっていきます。

この年２０１３年の9月議会の決算審議で、全体の随意契約について明らかにしました。随意契約結果一覧の中の施策の成果に人権等相談委託業務、人権啓発冊子作成委託、人権文化フォーラム講師派遣業務委託、松阪市人権関係職員等養成講座委託業務、松阪市人権問題についての市民意識調査、こうした委託契約が随意契約として一覧表に出ていました。契約金額、執行額を見ますと、人権等相談業務が２３０万４０００円、人権啓発冊子が２００万円、人権文化フォーラムは75万円、いわゆる職員の講座が２００万円、意識調査が３９２万９３００円、決して小さい額ではありません。随意契約とした理由がすべて2号随契、いわゆる人権に関する専門性を有する必要があるということで2号随契になっているという結果でした。

この中で人権啓発冊子作成事業について、5月議会で委託先が松阪地区同和教育推進協議会(松同推)に2号随意契約で丸投げされてきたこと、ほぼ10年ぐらいにわたって行われてきたことを明らかにしました。市長は、随契をやる必要はまったくない、あるいは次年度からは行政自身が主体としての人権啓発活動を行っていくとことは必ず約束すると明言しました。こうした中で、少なくとも人権啓発冊子については「松同推」に丸投げするとことは恐らくなくなるであろうと確認しました。

そのうえで、随意契約の一覧を見ると、あとがほとんど特定非営利活動法人、いわゆるゆめネットみえ、人権相談がゆめネットみえ、人権文化フォーラムもゆめネットみえ、松阪市人権関係職員等講座もゆめネットみえ、人権問題について意識調査は部落解放・人権研究所、こういうことになっていました。

私は「人権施策のほとんど全部が、委託業務の全部が、よく一緒のところにこれだけ丸投げされているんだな」と指摘しました。この「松同推」の事務局長、専務理事というこの人物とゆめネットみえの理事長はまったく同一の人物ですし、運動団体の責任者です。これは誰が見たって、これらの団体は一体化し、同一人物で全部行われているということです。そういう意味で、私は同じところへ委託しているではないかと、すべての業務を人権啓発関係、あるいは業務関係、すべて同じところへ委託しているではないかとその不公正な実態を追及しました。

厳しいやり取りがありましたが、市は「ゆめネットみえに対しての委託業務につきましては、業務内容を把握していく中で、実績及び状況の精査を行い、検証していきたいというふうに考えております」「今の手法が正しいのかどうか、または内部におけるこのゆめネットの業務の扱い方が適切なのかどうか、厳しくチェックをしながら対応していきたいと。または、団体の皆様方とも議論をしながら対応していきたいというふうに考えております」と答えるにいたりました。

2. 人権4事業の廃止の「歴史的転換」に

2014年度予算は大きな転換がありました。長年続けられ時代と合わなくなってきた松阪市同和保育研究協議会(「松同保」)への補助金がなくなりました。さらに、駅西再開発のときから問題になってきた人権センター絡みの常設展示企画委員会委員が、報酬及び費用弁償に関する条例から削除されました。そして、啓発冊子をはじめとする「人権4事業」の丸投げが一掃され、予算で人権啓発冊子において「松同推」に委託をしていた位置づけ、そしてゆめネットには人権相談業務、人権文化フォーラムの業務、そして人権関係職員などの養成講座の業務、この4事業だけでも約450万円の減額という結果となりました。一貫した闘いの結果が実現したと言えるものでした。

この時の市長答弁で「これまで団体に対してある意味依存をしていたような体質を切りかえたという視点も非常に大きい」「自覚的に行政として取り組んでいく方向性が生まれてきたというのは、非常に大きな松阪市としても転換であった」「これまで以上に人権における教育環境をしっかりとより充実させる、そういった歴史的な転換点と言えるような位置づけであったと自信を持って今後言えるような行政マネジメントをしていかなくてはいけない」と述べ、〝歴史的転換〟となったのです。

3. 決算分科会で〝不認定〟の審判ー2014年9月議会決算ー

2014年9月議会の決算では、2013年度の事業執行について付託された環境福祉分科会で全会一致不認定という厳しい採決になりました。

夕刊三重　2014年（平成26年）9月10日　水曜日　第18225号

市議会決算特別委

人権4事業、不適正

昨年度一般会計　環境福祉分科会全員一致　随意契約めぐり不認定

松同推の事業終わる

〝丸投げ〟に批判続出　「ノウハウ」生かせたと市主張

新聞記事

会議録は次のとおりです。

「討論に入り、会員から人権啓発費に関して平成26年度から全面見直しとなったが、今回の決算の中でNPO法人の不適切な会計処理がされていたことが明らかとなった。それにより、公金が私物化されているという疑いが大きく持たれ、本来なら市に返還されるべきものであり、よってこのような事業を含む本案の決算認定には反対するとの発言。

人権啓発費において、人権関係職員等養成講座の教材及び人権啓発冊子について、随契理由では人権に関する専門性を有するとなっているが、これらは専門性を有しなくても作成ができるし、何も専門性が発揮されているとは考えられないことからも2号随契の体をなしていない。また、ほぼ全てが引用によるもので、どこに原稿料、分析企画費等を要したのか、裏づけを見ることができない。これらについて、真に委託契約を完遂したと受け取ることができず、当該委託契約については本市に返金を求めなければならない性質のものであり、本案の認定には反対するとの発言があり、採決の結果、挙手なし、不認定と決定しました。」

4.「エセ同和行為」との指摘も

続く本会議の議決では、賛成多数で認定となりました。ただ認定とされた議員からも「エセ同和行為」という表現で厳しい指摘がなされました。

「平成25年度の決算の特徴的な問題は、2号随契の人権問題であります。特定非営利活動促進法に基づく法人である松阪地区同和教育推進協議会と松阪市との間で委託料200万円で人権啓発冊子2万部を作成するという内容で、平成15年度から10年間にわたり締結されています。当時の専務理事が中心となって本件冊子の作成が行われましたが、委託料200万円を松阪地区同和教育推進協議会の収入に計上せず、そのほとんどを専務理事が取得しました。この問題が協議会理事会で明らかにされ、調査の結果、印刷製本代100万円のうち、印刷会社に支払ったのは35万6000円であり、不適正な財務処理が明らかになりました。その結果、松阪地区同和教育推進協議会は3月末をもって解散することになったわけでございます。そのほか、この専務理事が理事長をしている人権NPOゆめネットには、人権等相談委託業務230万4000円、人権文化フォーラム講師派遣業務75万円、松阪市人権関係職員等養成講座に200万円などが2号随契で締結され、これらの多くが運動団体とは関係なく、個人の収入になり、市民の税金がエセ同和行為によってなされた事実を行政は真摯に受けとめなければならないことを強く申し上げておきたいと思います。また、この個人が部落史編さん事業にも参加していることも毅然とした態度をもって対処すべきであることを申し添え、26年度は2号随契がなされていないことも評価をしつつ、総合的に判断をし、本決算認定に賛成といたします」というものでした。

本質を突く論議で市議会としての共通認識ができたと思います。

5．なぜこんなことが続いたのか、解決できたのか―解決経過を明らかにして―

私自身、この時の決算討論でそれまでの経過を整理する機会となりました。まとめもかねて記述します。

（決算討論の）内容を整理するとこの間明らかになった人権4事業と部落史が主な反対理由ですが、これらは予算額や全体の構成からすれば一部かもしれません。しかし、この問題に内包されていることは、長年の人権・同和の不公正と特定人物と市の一部執行部との関係を浮き彫りにする重大な問題です。この間の人権関係の論議から、何がわかってきたのか。

第一は、特定の人物へ税金が入っていく仕組みがつくられていたことです。人権等相談委託業務、人権文化フォーラム講師派遣委託業務、人権関係職員等養成講座委託業務の3事業が2号随契でゆめネットみえへ、人権啓発冊子作成委託が同じく「松同推」へ丸投げされていました。同一人物へ金が流れる仕組みです。

第二は、それが監査のチェックもかからないように巧妙につくられていたことです。実績報告も収支精算も証拠書類も一切なし、それで通っていく仕組みです。特に分科会の論議を聞いていてこのことがはっきりしたと言えます。２号随契とＮＰＯ法人がうまく、本当にうまく機能するようになっていました。提出された契約から実績の書類、成果物と言われるもののひどさは、これは先ほど来の論議をまつまでもなく、４つの事業とも歴然としています。一つ一つ挙げるにいとまがないほど。しかし、監査の対象になってこない。何か問えば、２号随契とＮＰＯ法人を理由に抜け道があるという実に巧妙なシステムがつくられたのです。それが10年前後続きました。２０１３年予算議会での先ほど植松議員の議論がありましたけれども、この発覚がなければ、今なお続いていたでしょう。この間の経過、とにかく6月議会でこの問題を指摘し、そして昨年の9月の決算で、この3事業を明らかにしました。本当にこの中には議会にも市民にもわからなかった、特に啓発冊子は一切「松同推」という記載がなかったんです。そこで、これをやめさせるには、やってきた執行部側がやめとするのか、あるいは予算段階で議会がとめる、否決か修正・削除しかないのです。事実が隠されている限りは、議会がこれを行うことは無理でした。

決算年度の２０１３年、平成25年度の経過は、事実関係全体が明らかになっていった過程そのものです。明らかになって、これ以上続けられないという中で、執行部側が削減、一掃したのが本年度、平成26年度予算であり、市長の発言にもあったように、歴史的転換となりました。こうした最大の責任は、この巧妙なシステムをつくっていった当時の執行部の対応です。同時にこの税金を受け取っていた本人の意識です。いずれも厳しく問われることになるでしょう。現執行部には、決算年度の予算化の過程で、このシステムを知らなかったのか、知っていて決算年度まで続けてきたのかということが問われます。これをやめさせた、この決算年度の闘いの意義は極めて大きいと思います。

もう一つは、部落史の問題です。この金を受け取っていた人物が編さん委員となっています。しかも、その規定によって編集委員会に毎回参加して、時に、これは9月28日の資料ですが、今後の発刊予定や近現代の時代区分といった重要な決定を他の１人の編集委員と２人で決定しています。事務局は何も言わない、言いなりになっているという事実です。

この部落史は、二つ問題があります。一点は、人権啓発で金を受けていた特定人物が編集に大きくかかわっていることです。これが当局の言う正しい部落の歴史とはまったく無縁、ゆがみをこそ助長するものです。部落史といえば、教育長のこの前の答弁でも、「将来にわたり差別のない社会を築いていくためにも被差別の立場に置かれた人々の生活や果たしてきた役割につきまして、正しい知識を学ぶということは大切なことであるというふうに考えております」といった、そういう趣旨が何度も繰り返されています。しかし、今回の事態は、とてもそんな言い方が通用するものではありません。この人物に都合の悪いこと、同和対策事業や30年を超えるこの不公正との闘いなどはまったく出てこないことになり、部落史事業そのものがまったく無意味、無駄遣いでしかないことを証明しました。

もう一点は、教材化にかかわって、前近代編の内容をもって郷土史学習をゆがめかねなかったという問題です。氏郷の評価を一面的に捉え、松阪の歴史そのものをゆがめる役割を持っていたことも決算年度で示したとおりです。年間数百万かける部落史編さんが特定人物の私物化、まして金品の授受という問題が指摘される人物の行為が正しい部落問題の解決、あるいは正しい知識と無縁なことは明らかではありませんか。できている前近代編も、歴史の歪曲につながるということは明白であり、こんな事業は即刻中止すべきであると考えます。

歴史的経過の中で、今回のこうした決算の審議の意義について、少し長くなりますけれども、触れていきます。

今回のこうした動きと相まって、「松同推」も解散しました。ついでに言えば、「松同保」も補助金打ち切りで、解散しました。ゆめネットも所在不明。一気に彼らの足場が喪失した格好となりました。この「松同推」、松阪地区同和教育推進協議会の崩壊の意義、あえて崩壊と言わせていただきますけれども、この意義について述べます。特定の論理を教育現場、保育現場へ押しつけてきた、そのやり方が間違いであったということが明確になったということです。「松同推」は１９８９年に、当時の俗な言い方をすれば、全解連系、あるいは共産党系と言われた団体を排除して、今回問題となっている人物を事務局長、後には専務理事として、一時教育委員会社会教育課の幹部が事務局次長を名乗るなど、運動と教育が一体となった組織で、当時の教育長をして別団体と議会答弁をせざるを得ないものでした。それまで続いてきた松阪の同和教育を国民融合の立場だから誤ったものと決めつけ、特定の方向を職場や学園に押しつける役割を果たしたと言っていいでしょう。

しかし、この方向は、地域住民にはまったく受け入れられませんでした。一例ですが、当該人物も保護者であった、固有名詞をあえて言いますけれども、東保育所へ三重県解放保育連絡協議会、いわゆる「三解保」の公開保育を押しつけようとしたとき、1994年ですが、地域と保護者の反対でこれができませんでした。そのとき保護者の投票があり、賛成0、棄権保留4、反対46でした。当事者自身も賛成票を入れていない。地域、保護者にまったく受け入れられていませんでした。事務所建設が阻止されたことは、12月5日の一般質問で現物の資料をお見せしたとおりです。

地域に根差さないものが、なぜ行政や教育を動かせるのか。それに答えを出したのが2003年12月議会で明らかにした交渉と合意文書でした。市民にも議会にもわからないところで行政交渉が繰り返され、当時知り得る限りの資料を明らかにしましたが、行政すべての分野、教育、保育のあらゆる分野で要求をのませ、合併後の人権条例や人権センター、ゆめネットへの仕事、部落史編さんなど、挙げればきりがないところまで取り決めて、私どもに言わせれば、裏支配といったほどでした。

市議会で当時正面からこれを取り上げ、以来、交渉と合意文書は下火となりました。すでに2001年度には国の同和対策は終了しました。交渉で当局に圧力をかけるやり方も途切れました。それでもなお、各種審議会や部落史編さん、教育、保育現場、時には私学まで影響があるということが言われていました。何でそんなことができるのか、その答えが今回はっきりしたのです。合併後10年前後の間、特定の個人へのお金の流れがつくられていました。市民にも議会にもわからない巧妙なシステムで個人の育成が行われたということです。本人も公金を受け取りながら、自分の所属団体へ一切知らせてこなかった。普通の社会的なルールでは考えられないことが行われていたということです。こんなやり方を改めるには、やってきた執行部がやめとするのか、予算段階、あるいは明らかになった段階で議会がやめる、否決か修正・削除しかないのです。

なぜこんなことが続いたのか。これまで根絶できなかったのか。5つの点を挙げたいと思います。1つは、今回の仕組みのように議会ですらわからないようにやられる、隠蔽《いんぺい》されていたということです。2つは、この問題は難しいという市民意識があり、なかなか住民全体の運動にならないことです。3つは、一部特定の個人の問題が地域住民全体の問題と同一視され、非常に取り上げにくいという問題です。4つは、いわゆる同和タブーというものがあり、マスコミが報じないということです。5つは、当局と個人の癒着《ゆちゃく》から、行政の自浄能力を失っているということです。

こうした角度からいって、今回いくつかの前進面が確認できます。一つは、隠蔽されてきた巧妙なシステムが全面的とは言えないかもわかりませんが、ほぼ明らかになったことです。これが議会共通の認識になり、許せないということが共通の認識になりました。同時に、特定の個人・団体に偏らないといった前市長の答弁がいかに空虚な大うそであったかということもはっきりしました。問題が特定個人の金品の授受にあり、他の団体とともに明確に区別されたこと。そして、当該団体がこれらに対して抗議をする、まして地域住民とは関係ない問題であることが明らかにできました。これまで一切書かなかったマスコミが、環境福祉分科会の不認定を受けて大きく報道したことです。その記事を見て、学校や市役所OBから「これでやっとまともな行政になるな、長いこと御苦労さん」という趣旨の電話などをたくさんいただきました。

現市政の執行部のことに最後に触れますが、このことだけは確認できると思います。それは自浄能力が発揮されたということです。この間の経過のもとで、啓発冊子の問題を明らかにしたときから、来年度はやらないとされ、他の3事業について、昨年の決算を踏まえて予算編成で一掃されたことは、やってきた執行部がやめるとしたことに違いがないと言えます。

これらは、人権同和の不公正を自治体から一掃する上で常に問われてきたことですが、これまでの長い闘いがこの一掃という問題を実現してきた、その意義を確認したいと思います。そういう意義を確認しつつ、残った部落史の見直しなどを強く求めて、討論を締めくくりました。

6. 損害賠償訴裁判で決着―「今後はあり得ない」―

２０１４年の予算・決算で終ったのかといえば、もう一回動きがありました。２０１５年7月に、もらえるものがもらえなくなったと解同元幹部が損害賠償を求めて裁判を起こしたのです(平成27年(ワ)第38号損害賠償等請求事件)。

これまで述べたように、２０１３(平成25)年に、啓発冊子をめぐる随意契約とその委託料の授受をめぐり松阪地域同和教育推進協議会(「松同推」)の会計の不明朗さが問題となり、関連するゆめネットみえへ丸投げされていた人権4事業も２０１４年に廃止になりました。部落史編纂事業も廃止になりました。当該の人物は、「松同推」内、解同内において非難を受け、その結果「松同推」の解散、解同からの除名、人権4事業の委託契約の打ち切り、不正経理が行われた旨の新聞報道により名誉が著しく毀損され、受けられるはずの報酬が受けられなかったと主張しました。啓発冊子の編集の報酬が400万円、人権相談事業報酬360万円、人権関係職員等養成講座報酬202万円、さらに精神的苦痛慰謝料・名誉棄損300万円、合計1381万6000円が請求額でした。慰謝料は別にして、1000万円くらいの権利があるということは、実際にそれぐらいの金額を受け取っていたということでしょうか。訴訟の主な点は、啓発冊子についての会計の不明朗さは市の非常勤職員の責任だということと市議会における「経理に不明朗さがある」という市長(前市長)見解、また人権関係4事業を廃止し「歴史的転換」という議会答弁が「違法」というものでした。

彼の主張は、一審で受け入れられず敗訴でした。判決の一端では、「決算書の内容を最終的に確定させた責任は、専務理事であった原告にある」とはっきり断じられ、原告の主張は退けられています。彼は控訴しましたが、二審(平成30年(ネ)第468号)も主張を認めず、原告敗訴が確定しました。これが最終決着でした。こういう経過の中で現市長からこうしたことは「今後あり得ない」という見解が繰り返されています。

彼らの目論見が崩れていったのは、2009年の市長選で彼らと協調路線をとっていた下村市長から「部落史編さんの廃止」などを公約したとされる山中市長への交代も一つの動きだったのでしょうか。彼らとしては、松阪市人権のまちづくり条例を制定し、それに基づいて2009年に策定された松阪市人権施策基本方針(人権センターの記述あり)、松阪市人権教育基本方針により、その完全実施を求めるのが行政交渉の中心だったんでしょうが、その年に彼らと協調路線を採っていた下村市長が選挙で敗れ、そうはいかなくなったんでしょう。

この経緯は、「部落差別解消推進法」の参議院法務委員会附帯決議でいう 運動団体の「行き過ぎた行為」への対応にとどまらず松阪では〝同和利権〟が一掃されたといえるのではないか、その意義は大きいと思います。

※参考文献　第52回全国部落問題研究者集会分科会報告「同和行政の終結と『人権同和』の不公正の一掃のたたかい」（『部落問題研究』213輯　2015年）

第11章　歴史と教育をまもる―部落史編さん事業を廃止に―

1．氏郷顕彰の新たな動きが

2024年度予算で「氏郷顕彰基金」が制定されます。「松阪開府の祖」という蒲生氏郷の位置づけから言えばごく自然な話ですが、かつて『部落史』編さんとそれを学校教育へ持ち込む動きの中で「氏郷は身分差別の元凶」であるかのような評価につながりかねない、軽視できない動向がありました。子どもたちの郷土史学習や祭りへのかかわり、ひいては松阪の歴史そのものを誤らせる可能性があったのです。

条例審議にあたって、これらのことが過去のものとなったか質しました。市長からは指摘した経過をふまえ、時代の変化に応じて顕彰ができたということでした。

2．部落史編さん事業とは

そもそも部落史編さん事業とはどんなことだったか。解同の要求交渉の中で出され、それを受け入れた市の部落史編さん事業が十数年続き、最後は廃止に追い込んだものです。蒲生氏郷の評価や近現代の運動とたたかいの記録に係わって松阪の郷土史教育や歴史そのものをまもり抜いたというのが実感です。

部落史編さん事業の発端は、１９９６年、１９９７年ころの「解同交渉」から俎上に乗り、例えば１９９７年３月３日付の「合意文書」に、すでに部落史をつくるとの合意があります。事業としては１９９９（平成11）年から部落史編さん委員会を設置、解同幹部が編纂委員、編集委員に名を連ねる構成でした。当時の予算説明では「平成11年度から17年度までの事業で、14年度から本格的に編集作業を開始」でした。ところが、毎年毎年予算化したり削ったりが繰り返され、史資料収集や編集など延々と続きました。私は、無駄な事業ですぐにやめるよう毎年のごとく指摘し続けました。

なかなかできなかったものが、２００５（平成19）年ようやく「前近代編」が出ました。それができると学校現場で活用しようとしました。ここが重大でした。

２００９（平成21）年度～２０１０年度決算の「成果と課題」などで明らかになったことは、「松阪の部落史研修会」が小学校・中学校の教員対象に行われ、２００人程度の先生たちが参加し、その講演記

氏郷の『町中掟』を巻頭にのせる『松阪の部落史』（左）と「うまく教材化せよ」という『部落史をどう教えるか』の冊子

録が冊子にまとめられたことでした。寺木伸明著『松坂の部落史をどう教えるか』という冊子がパート1・Ⅱと出されました。発刊は教育委員会人権学び課です。パートⅡの副題は「第一巻史料編　前近代の成果をふまえて」というもので、これがまともに学校で教えられていたらどうなったかと今思います。

3．松坂のまちづくりの評価にかかわる問題に

問題の焦点の一つが、蒲生氏郷の天正16年の「町中掟」の評価です。この史料はいわゆる楽市令として松坂の起りとなる基本史料で（『松坂権與雑集』＝松阪市史第9巻所収）、多くの研究対象になっています。「町中掟」は全体12カ条で、第一条は松坂を「十楽」の町と表現しています。これを『松坂の部落史』第一巻資料編前近代の巻頭の史料で扱っています。この中の2カ条、殿町は武家町だから、店を出さないという項目と、松ヶ島から松坂へ移るときに、百姓は土地に残りなさいと、商人は全部松阪へ移りなさいという条文があります。部落史ではこれが有名な身分法令として典型的なものとし、寺木氏の冊子では「身分制度を固めていったということです。そういうことが非常に鮮明にわかる大事な史料」で「うまく教材化して活用をはかってほしい」とまで述べています（15頁）。12カ条の一部を取り出して身分制の起りのように扱っていくのかが問われます。これを教育委員会が先生方に研修させて教材化せよということになったら、氏郷にとどまらず、松阪の郷土史、歴史とまちの成り立ちを誤らすことにならないか危機意識をもちました。実際、一部の教材では氏郷は悪い人という子どもの感想が載ったものもあり、正しい歴史を教えることになるのか疑わざるを得ないものでした。

この氏郷のまちづくりと史料の評価をめぐって、見解を問う機会がありました。２０１１年２月７日に松坂城跡が国指定史跡となりましたが、それを前にしたシンポジュウムが２０１０年10月に開かれ、千田嘉博氏の記念講演で「ここがすごい松阪城」ということで、氏郷の城下経営、町中掟を高く評価する内容でした。

そこでさきにのべた「部落史」の視点とどう整合するのか、学校教育の中で正確な歴史認識にならないのではないか、２０１０年11月議会で取り上げました。その時の小林教育長の答弁は「松阪の歴史、松阪が始まった、蒲生氏郷は開府の祖であり、最初に示した町中掟は、松阪の歴史の最初に出てくる。これは歴史の事実である、千田先生は町中掟をそういったまちづくりの掟書としてすばらしいものであると評価をしてみえるし、寺木先生は、身分制で見ていった場合に、それは後の解釈でありますけれども、氏郷だけではないけれども、同じ１５８８年、天正16年には刀狩りも行われていて、この時代に次第に兵農分離、町民といわゆる百姓とが分離していく、そうしたことがよくわかる史料という評価の仕方をしてみえると解釈をしていて、多面的に価値は論ずる必要があるのかな」といった見解にとどまりました。同じ松阪市教育委員会内で文化財や偉人顕彰を所管する文化課と「部落史」を担当する人権学び課とで、評価が分かれることになりかねないものでした。

４．ほんとにこんなことするのかと—決着めざして—

その後も「部落史」編さんは続き、２０１３年３月の部落史編さん委員会の議事録に「松阪の部落史の有効活用について」という一文があり、松阪の部落史を学校における学習で活用できるように、指導案の作成などに向けた取り組みを協議・検討していくと書かれていました。松阪の部落史を平成

20年3月に第1巻前近代編を完成、その後、近代編を平成26年度、近現代編、補遺編、通史編を平成27年度という計画で進める、近代史編は上下2巻にする、こんなことが決められていました。その後6月に解同と教育委員会との話し合いがあり、部落史編さん委員会の決定を尊重し、その具体化をという要求に、取り組みを進めますと応じていました。

ほんとにこんなことをするのか、松阪の歴史も作り変えてしまうという危機感がありました。何としてもやめさせなければと思いました。その一端として、２０１３年9月に開かれた「偉人顕彰会」に一会員として参加し、こうした「部落史」にかかわる動向があり、松阪の歴史を継承していくうえでも絶対にやめさせたいと発言しました。

そしてこの年の11月議会で、「部落史」の問題を正面から取り上げ、決着をめざしました。第一は、氏郷のまちづくりと「町中掟」（楽市令）の評価です。

前述したように、先進的なまちづくりだという千田先生の高い評価がありました。ところが、「部落史」などで言っている「有名な身分法令として典型的なもの」という評価がそのまま教材化されたら、それこそ氏郷は部落をつくった元凶だという単純な理解になりはしないか。だから、こんなことはやめるべきだと主張しました。

東教育長から「今の氏郷に対する評価の部分に少し触れたいと思いますが、千田先生のシンポジウムの中で、前任の小林教育長も答弁させていただいておりますが、このまちづくり、松阪の今の都市があるのがこの氏郷公がこちらへ街道をしき、まちの仕組みをつくり、城を築いてきたという、そういう非常にすごい人が松阪にいるという、当然教育委員会としても総合的に千田先生の評価については受け入れておりますし、今後蒲生氏郷を学校教育の中でも、あるいはそういったことを通じて市民全体にその偉人について理解を深めていくように考えて」いるという答弁があり、今読むと小林教育長から東教育長への継承の中で確かな変化ができたのだと受け止めました。

5．「郷土の偉人に学ぶ」にかかわって

もう一つの大きな提起が、郷土史学習にかかわる教材の問題でした。「郷土の偉人に学ぶ」という事業が２０１１年から始まり、趣旨は「偉人のことを知る、偉人の生き方、学び方を知ることによって、子どもたちにふるさと松阪に愛着を持って、そして郷土に誇りを持っていく、そんな子どもに育っていってほしいという願いを込めている」というものでした。教材の一人目が本居宣長、二人目が松浦武四郎ときて、三人目をという時、なかなか蒲生氏郷が出てきませんでした。氏郷が差別の元凶というか、「部落史」史観のような風潮が根強くあったと言って過言ではないと思います。

２０１３年の議会での質問で、なぜ氏郷が出てこないのか、その理由がなぜなのかということを訊きました。東教育長の答弁は「意図的に氏郷を入れなかったということではなくて、この氏郷公につきましては、子どもたちに十分学んでいただく偉人の一人であるというふうに思っておりますし、近年の子どもたちの、例えば氏郷まつりへの参加等を通じましても、非常に人数もふえてきておりますし、親しみを感じていただいている。改めてその次の偉人につきましては蒲生氏郷もその一人である」との見解が示されました。

このやり取りのおしまいに「３人目の郷土の偉人においては、蒲生氏郷公を前向きに進めていく」という当時の市長の発言があり、３冊目に氏郷のことが掲載され、２０１５年からずっと授業でも使われて今日に至っています。当たり前のことだと思いますが、なかなかそうならなかったということ

は共有しておきたいと思います。

6．まつりの参加のことでも

松阪市は、毎年11月3日に氏郷まつりを市民的な祭りとして、また氏郷ゆかりの全国的な参加で盛大に行っています。

氏郷をどう教えるかとかかわって先の小林教育長への質問で、「氏郷まつりの協力をある学校に頼みに行ったら、氏郷は身分制をつくった元凶だから、そんなものは協力できんというような、そんなことがあったかどうか」と提起した際、「学校がさまざまな地域の行事に参加するとかということは、これは各学校の教育課程の編成は各学校で行うわけでありまして、どんな形でそのことが決定されたかどうかというのは、私はつまびらかに把握をしておりません」という答えでした。

このことをふまえて東教育長へ「祭りのお願いに行ったらそんなのあかんと断られた。こんなの教育といえるか」と再度訊いたところ、「子どもたちが地域の3大祭りの一つでありますところに学校教育の場、公教育の場がそういったところへ行くべきではないというのは、私は公教育としては好ましくないかな」という判断が示されました。ここでも変化があったといえると思います。

7．現代史での事実を確認

この時の質問で、部落史・近現代史についても事実をしっかり確認することになりました。1991年3月議会で「部落解放基本法に反対する」請願・陳情が採択されたこと、同時期の解同の事務所建設に市が補助金まで予算化しながら住民の反対で中止になったこと、これらを松阪市で起こっている事実とするかどうかを問いました。教育長答弁は、「部落解放基本法に反対する請願を市議会で採択をした、これは全国唯一の出来事であった。そしてもう一つ、解同事務所の建設がストップになった、この補助金削減にかかわる事実、これは今説明を聞かせていただきまして、あるいは今までいろんな資料等見ましても、松阪市で起こっている事実であると認識」するという明確なものでした。

私は「事実をきちっと載せるかどうかは、現代史をつくる場合問われる。事実を事実として書かないなら、そんな部落史の現代編は必要ない。事実を書けないなら、一切やめるべきだ。もしそんな内容であったら、私は予算の全面削減を求めて頑張り抜く」と宣言しました。

8．1年後部落史編さん事業が廃止に

２０１４(平成26)年12月に至って、２０１５年に完結するとしていた部落史編さん事業が廃止になるという大きな変化が起きました。「平成26年度をもって部落史編さん室を閉じ、部落史編さん事業を中止する」という「歴史的」な答弁となったのです。この年の9月には元解同幹部にかかわる委託事業が廃止され、決算審議で追及されるということもあり、「人権4事業」不認定と「夕刊三重」で報道されましたが、部落史の廃止もしっかり報じられました。マスコミでもタブー視されなくなったと言ってよいでしょう。

それから10年ですが、松阪の歴史と教育をまもった…そんな思いです。

※参考文献　『人権と部落問題』（２０２４年8月号）「現地報告」

第12章　民主主義の基本をまもる―行政のあり方が問われた人権センター―

1．「人権施策基本方針」から人権センターを削除

2023年度に策定された「松阪市人権施策基本方針」から「人権センター」の記述が完全に削除されました。第2次改定まで記述のあった「人権センターの設置」が削除されたのです。これは大きな節目となります。

2023年に新しい「人権施策基本方針」第3次改訂が進みました。これまで残っていた「人権センター」の記述を削除しました。第2次改訂では、「V、推進にあたって」の中に「3，人権センターの設置」が明記されていました。この第2次改定は2014年4月に出たものですが、当時〝同和利権〟として一掃されつつあった特定個人への金品の流れやその根拠となった施策が一掃されつつあるもとで、旧来からの方針が文書上残ってしまっていたということで、できもしないものをわざわざ残しておくという書き込みでした。10年近くたちましたが、今回の改定案ですっかりなくなったのは「後戻りしない」一つの形を示すものとなります。

2023年9月議会で、担当部長から「現状の人権施策は行政が主体性をもって取組を進めている。2002年の『松阪市バリアフリーのまちづくり条例』の制定と松阪駅及び周辺地区のバリアフリー化の早急な実現を求める請願には人権センター設立について記されたが、20年が経過し『人権施策基本方針』を一から見直す中で、時代の変遷とともに人権センター設立の必要性がなくなったと考えた

ことから『人権施策基本方針』第3次改定案から削除し、審議会へ諮っている。現状に沿った内容で適切に進めていく」という明確な答弁がありました。

人権センターをめぐる実際の経緯こそ松阪市の一時期の「無駄と不公正」そのものであったといえるもので、この変化は大きいといえます。いわば〝同和利権〟の逆流の一掃を裏付けるとともに、民主的な行政運営を勝ち取ったことにつながります。

2. なぜ人権センターの記述にこだわるか

松阪市では、1980年代からそれまで歴史的な経過のあった国民融合路線を敵視し、転換をはかろうという当時の解同幹部やそれに追随する勢力が同和行政・同和教育を変えようという動きが強まりました。行政を言いなりにし、教育・保育現場へ反共・反全解連攻撃を徹底するというやり方を続けました。

人権センターもこの行政交渉の過程で出てきたことでした。人権センターの発端は、2001(平成13)年5月から6月、7回の「解同交渉」の「話し合い」の中で、「『松阪市人権センター』の建設の実現に向けて県と協議して取り組む」の文言が初めだと思います(担当は総務部)。その後2002年には、「人権センター設立検討委員会」を設置して検討していくなどの記述が見られます(これらは、松阪市議団発行資料集『部落解放同盟の行政支配を暴く』所収)。

3. 請願をめぐる手の込んだ経過が

先の部長答弁にある「請願」採択について触れます。「人権施策基本方針」第一次改定の記述に、

2002(平成14)年2月に「人権センター設置」の請願が人権NPO（ゆめ・であい・ネット＝実質「松同推」と同じ)から出されて採択されたとあります。これをしっかり調べたら、請願名は「請願第1号『松阪市バリアフリーのまちづくり条例』の制定と松阪駅及び周辺地区のバリアフリー化の早急な実現を求める請願」というものでした。その中に「人権センター設置」が数カ所書き込まれていました。

当時日本共産党議員団は、この請願の趣旨の大部分は認められるが、「松阪市人権センターの設立」は賛成できないとして反対しました。「人権施策基本方針」の記述やその後の市長答弁などで、「『人権センター』設立の請願が採択された」と金科玉条的に利用されました。いま思うと実に手が込んでいました。

4．不公正な行政運営が露呈―駅西再開発と人権センター―

2006年から2008年にかけて松阪市政の大きな焦点が、駅西再開発事業でした。それ自体「再開発事業」という手法の巨額投資で、是非が厳しく問われました。結果は2008年に破綻しましたが、その過程で「人権センター」が深いかかわりをもち、行政運営の不公正な実態を明らかにしました。

駅西再開発計画で公共施設として位置づけた保健福祉総合センター(工費は30億円というデータがある)に、2006年8月に人権部門を入れる、「人権センター」を入れるという方針が突如示されました(8月21日の全員協議会)。その時、いつどこで決まったと詰め寄りましたが、「議会への報告の関係は、人権施策市民会議より答申をいただいたもの(合併前の2004年10月)を、その後基本方針として策定したもので、議会へは報告されておりません」と生活部長が答弁。言ってみれば勝手に決めて、行政側はこれに基づいて仕事を進めていたのです。２００７年６月議会で当時の下村市長が議会に説明がなかった事実を認め、「まことに遺憾であり、申しわけない」と答弁する始末でした。

駅西再開発の具体化は、２００７(平成19)年の当初予算には計上せず、３月末の補正１号で予算化するという無茶な手法をとり、３月23日から24日未明にかけて初年度の予算を認めるかどうかで徹夜の議会がありました。それも採決が19対13で拮抗しました。その上翌年２００８年３月議会では、この１年目の予算が執行されず皆減になったにもかかわらず、まったく説明しないというでたらめな行政運営が発覚。わからなかったらそのままますましていくのかと激しい論議をして、「こんなやり方をしておったら、松阪市は本当に破綻しますよ」と指摘しました。２００８年度に駅西再開発は破綻しました(翌年２００９年市長選で市長も交代となりました)。

5. さらにひどかった人権センター常設展示

２００７年当時、駅西再開発の事業予算が当初は見送られ開発本体の調査設計は後回しになったのに、なんと「人権センター常設展示企画委員」は予算化され、お構いなしにどんどん仕事が進み、６月に学識経験者・専門家などを入れて企画委員７名が選任され、合計５回の委員会が開かれ、２００８年３月に「中間報告」なるものを出しています。私は、家を建てるのに、基礎設計も間取りも決まらないのに襖絵のデザインや展示物を検討する家があるか！ と批判しましたが、開発本体の調査設計も執行されないのに、「人権センター」の常設展示の内容だけ仕事をするというまったく無駄な、そしてまったく反省しないあきれるほど歪んだ当時の実相が伝わってきます。

6．2014年4月という時

こんなひどい「人権センター常設展示企画委員」が、報酬条例からなくなったのは実に2014年4月でした。その時期というと、松阪市でいう特定人物へ丸投げしていた「人権4事業」がなくなった「歴史的転換」（山中市長）の時と重なります。2014年決算議会では4事業などへ「エセ同和行為」と厳しい批判があったほどです。

そうした時期であったにもかかわらず、「人権施策基本方針第二次改定」では「人権センター」の記述が残されました。「人権同和」にかかわる事業はなくなったのに「人権センター」の火種を残す可能性があると受け止めてきました。

それから9年経って、今回の削除はけじめとなる措置で、ようやくですが、文字通り不公正につながる諸施策が一掃されたということになります。

7．もし人権センターができていたら

2005年10月、松阪で第2回地域人権問題全国人権研究集会が開催されました。その時期は、弓矢裁判の第二審がたたかわれているまっただ中でしたが、松阪での人権・同和行政の課題について分科会で報告をしました。その際「人権センターへの警戒・人的配置の可能性」ということで、「合併協議の中で人権条例や人権センターが盛り込まれました。保険・医療・福祉総合センターのなかに人権部門をいれることがふれられています。問題はここへ解同幹部を配置するかどうか。これらの施策が解同幹部の仕事づくりになるかどうかです」と報告しています。当時は、解同幹部言いなりだった行政が何をしでかすかわからないような様相でした。

「もし総合センターができ、『人権センター』になっていたら」と当時を知る人と話をすると「駅前に市役所より高い5階の大きなビルがそびえ、最上階の人権センターに当該人物が居座る…まさに松阪の支配者のようなものになったんでは」ということになりました。不公正な市政にならなくてよかったと思います。

松阪市は、１９２２年の水平社創立前後から解放運動の歴史があり、戦後も先進的な取り組みと１９７０年代には国民融合の方向が強く展開されました。今回は、それを破壊しようとする糾弾路線の〝逆流〟や〝同和利権〟一掃のたたかいにけじめがついたということにとどまりません。「人権センター」の問題は駅西再開発の予算審議や予算執行という市政の在り方の基本にかかわる課題であり、民主主義の基本を取り戻した到達だといっていいと思います。

※参考文献　「現地報告」『人権と部落問題』２０２４年3月号

あとがき

本書の原稿のまとめが終わりかけた5月の連休明け、「部落問題解決過程の地域的偏差を生み出す諸要因に関する研究」（研究代表者・石倉康次）への協力依頼の文書をいただきました。戦後の農地改革、高度経済成長による構造変化、30年にわたる同和対策事業が部落問題解決に大きな前進をつくったが未だ解決しきれない課題をどうするか、その過程を歴史的に総括するということが研究の目的に明記されていました。

本書で述べたいわゆる部落問題の解決過程は、松阪での同和利権の逆流をいかに一掃できたかということが中心課題でした。一つひとつのたたかいが必ず新しい時代を切り拓く、歴史をつくるということを実感します。同和対策事業にも触れていますが、その全面的な総括は別の課題となったといえます。同和対策事業のもとですすめられた改良住宅、高層住宅などこれからの都市づくりの課題として論じる必要があるとともに、同和奨学金や教育集会所などすでに同和対策終結とともに過去のものとなったものも多いのが現実です。

この調査研究に参加の機会を得て、基本的な史資料の検証によって新たな部落問題解消の過程を明らかにできれば幸いです。松阪市の歴史と街づくりの展望がさらに開けることを願い力を尽くしたいと思います。

関連年表

19世紀から1945年━戦前の闘い

西暦	元号	松阪町・市などの動き	水平・農民・労働・無産政党運動	融和運動・融和事業	世界・国の動き
1889	明治 22	松阪町発足　4・1 矢川・東岸江・西岸江三村が 鈴止村として発足			
1907	明治 40			三重県『特殊部落の梗概』 竹葉寅一郎を慈恵救済員に 部落の風俗・生活の改善を図る	
1918	大正 7	米騒動			米騒動
1919	大正 8		鈴止村矢川青年小野寺大尉差別発言 糾弾闘争		
1921	大正 10	鈴止村、松阪町へ合併	矢川町内に「速進会」の組織 この時期、（町名変更の動きの中から） 徹真同志社（同志会）が生まれる		
1922	大正 11	「矢川」が「日野町二丁目」に 5月1日から 本居宣長旧宅など国指定史跡に	三重県水平社創立		
1923	大正 12		日農松阪支部 5月山駒事件、50名検挙	三重県社会事業協会融和部	
1924	大正 13	港村7カ村を松阪町へ合併	「愛国新聞」創刊	日野町二丁目地域改善計画	
1925	大正 14		松阪社会思想研究会発足 5・1県下第1回メーデー 立毛差押競売事件		
1926	大正 15 昭和 1		三重合同労組結成 松阪木綿垣鼻工場争議 労働農民党三重県支部連合会		
1927	昭和 2	普選による最初の県議選	飯南郡森村山林闘争 第一小学校同盟休校事件		
1928	昭和 3	第1回普通選挙	普通選挙に河合秀夫立候補 大沢茂検挙、津警察署で死去、労農葬		3・15事件
1929	昭和 4	第1回普選松阪町議会議員選挙	上田音市ら3名当選		4・16事件

1930	昭和 5				
1931	昭和 6	神戸村を松阪町へ合併			満州事変
1932	昭和 7	宝塚古墳国史跡指定 花岡町町制			
1933	昭和 8	2・1松阪市制施行 3・1初の市議選で上田音市当選	3・13弾圧、検挙150名 日野町二丁目区議に女性5人		
1934	昭和 9			三重県厚生会設立 松阪市共愛会 （融和政策の本格的な浸透）	
1935	昭和10				
1936	昭和11		社会大衆党松阪支部		2・26事件
1937	昭和12	松阪駅新築落成記念式	4月30日　解散総選挙 上田音市三重一区から立候補 社会大衆党三重県連　梅川文男委員長 11月　市議選　上田音市（4位） 石垣国一（5位）小林勝五郎（8位） 当選　社会大衆党 朝熊山林闘争、岸和田紡績津工場争議など 12月　人民戦線事件 12月20日　無産団体一斉検挙、全農、 全水関係大量検挙 朝熊入会権闘争など	隣保館完成	盧溝橋事件 日中戦争
1938	昭和13		1月　第2次人民戦線事件＝ 朝熊関係者検挙		国家総動員法
1939	昭和14	オットードイツ大使来松歓迎会		上田音市、満州移住地視察	日独伊三国同盟 大政翼賛会地方支部発足
1940	昭和15		7月　社会大衆党県連解散 9月　全水松阪支部解散	皇民運動三重県協議会結成	
1941	昭和16		梅川ら非常措置で検挙	同和奉公会	太平洋戦争
1942	昭和17			大政翼賛会（上田音市参与に）	

戦後　1945年から1981年（敗戦から水平社60周年まで）

西暦	元号	松阪市・松阪市議会等の動き	部落解放運動・社会運動	同和対策事業等	世界・国の動き
1945	昭和20		解放運動再建会談（志摩）		無条件降伏
1946	21				
1947	22	梅川文男県議当選（日本共産党）	5・22　花岡供米事件		
1948	23	朝見、松江村合併			
1949	24				
1950	25				朝鮮戦争
1951	26	松阪大火	10・23　松阪職安事件		オールロマンス事件
1952	27				対日講和・日米安保発効
1953	28	新町発足、字名変更			
1954	29	新町発足			第一回全同教大会
1955	30		解放委、部落解放同盟に		第一回原水爆禁止世界大会
1956	31				
1957	32	梅川、松阪市長に			
1958	33	松阪市部落対策委員会条例			
1959	34				伊勢湾台風
1960	35				
1961	36	三重高校開校			
1962	37	氏郷まつりにパレード登場			
1963	38	市制30周年記念事業「都市部落」			
1964	39	「農村部落」 解放戦士の碑、篠田山で除幕式			
1965	40			**8月　同対審答申**	
1966	41	『ふるさとの風や』刊行		住宅改修資金貸付事業、 自動車運転免許取得補助金 事業など始まる（県事業）	
1967	42		松阪市同和教育研究会結成		

1968	43	梅川市長死去、吉田市長誕生			
1969	44			**同和対策事業特別措置法**	矢田問題
1970	45			同和対策室設置	解放同盟正常化連結成
1971	46	差別をなくす市民の会発足		同和対策事業推進連絡協議会	
1972	47	第一回差別をなくす市民集会		改良住宅条例施行	吹田二中事件
1973	48			同和保育連絡協議会（松同保） 同和対策室を同和対策課へ 地区推進連絡会を設置	
1974	49				八鹿高校事件
1975	50				国民融合全国会議結成
1976	51				正常化連、全解連に改組
1977	52				
1978	53			第一隣保館竣工	
1979	54			**同和対策特別措置法3年延長** 第二隣保館竣工	
1980	55				
1981	56	駅前通り近代化事業完成			

1982年から2024年　逆流とのたたかいの記録

西暦	元号	松阪市･松阪市議会の動き	逆流の動き	闘いの記録	国･県の動向
1982	昭和 57	3条12年間の成果と問題点を諮問 『松阪解放運動60年』発行 （11月　記念実行委員会事務局） 10号台風で甚大な被害			地域改善対策特別措置法 （5年）
1983	58	3月上記へ同和対策審議会「答申」 同和地区住民意識調査実施	8月最初の交渉（実行組合名） 社会同和指導員設置など要求	交渉について、内田議員が 質問	
1984	59	「個人施策について」答申 教委、社会同和教育主事設置 **同和対策課を地域改善課に改称**			
1985	60	小集落改良住宅条例施行 人権啓発推進連絡会の設置 京町まちづくり室設置（93年終了） 同和問題に関する市民意識調査			
1986	61	清生団地低所得者向け個人施策、 諮問･答申			地対協「意見具申」
1987	62	同和対策審議会設置基本方針諮問 「啓発推進指針は最高のもの」と 発言（9月議会竹田議員質問に）		市議に初当選 竹田議員が同対審委員に 9月議会竹田議員質問（左記）	総務省「啓発推進指針」 **地対財特法（5年）施行**
1988	63	「啓発推進指針」を推進と反対の 請願。継続審議のままで任期終了 部落解放基本法制定県実行委員会 へオブザーバー参加 奥田市長就任	3月同対審委員に本人補充	吉田市長へ最後の質問、 「口をつぐんだ方がよい」 の答弁（3月議会）	
1989	平成 1	3月議会　中尾発言、懲罰委 6月　人権擁護都市宣言	流れを変える事件（『未来へつなぐ解放運動』P91） **12月「松同推」発足** 「松同研が入れてくれないのなら、僕たちの側に松同研をいれよう」ということで、「松同推」をつくった。解放同盟の糾弾闘争の結果、人権擁護都市宣言をさせた。この大きな流れがあって、1990年7月に松阪市同和対策審議会答申が出ました。 (「松同研三十年の歩み」)		

1990	2	**7　松阪市「同対審答申」**	松阪市「同対審答申」 「私の意見が「まとめ」に取り入れられた（『未来』P96）90年の7月に松阪市同和対策審議会答申が出ました。これは、その後の同和教育・同和行政を決定づけました。これがなかったら、今のような形のかかわりができていないと思います。松阪市の同和行政、同和教育行政の方向を決定づけた。運動の面での役割は、前年に結成された「松同推」」。 （「松同研三十年の歩み」）		
1991	3	**3月議会「部落解放基本法」に反対する請願、陳情を採択** 人権問題に関する市民意識調査 9月補正予算 解同事務所建設補助金議決 啓発冊子、意識調査なども		「部落解放基本法」に反対する請願、陳情を採択 『部落』6月号各地からの通信で「松阪市の『基本法』制定反対の請願採択」掲載 「暮らしと政治」論文11月号 解同事務所建設反対運動	
1992	4	**3月　解同事務所建設補助金皆減** 地域改善対策協議会設置 12「ひびきあう心」発刊	解同事務所建設できず 啓発冊子「ひびきあう心」	3月補正・解同事務所予算皆減	**地域財特法延長（5年）**
1993	5	3月市民意識調査報告発行 平成4年度決算審査意見書「人権啓発冊子に不適切が認められる」と明記	93～94年松同推を基盤にした「同和」教育運動の推進	「人権意識調査」決算が終わってから繰越手続きをせず。93年3月に出し追及。市長が「おわび」答弁	
1994	6	「ひびきあう心」②発行 3月議会「松同推は別団体」と三井教育長答弁	「同和保育・教育Q&A」発行（10･27　6団体名） 11･11「同推教員文書」 10～11月「かけはし」配布	8月　三解保公開保育阻止（東保育所）日替わりこいのぼりなど 8月　保育所文書など	
1995	7	「ひびきあう心」③発行			県立図書館図書閉架問題
1996	8	3月松阪市職員人権意識調査報告書 この頃から解放同盟との交渉「合意文書」はじまる	11月　「ゆめネットゆめであいふれあいみえ」	10月「同和保育」の廃止こそ真の〝解放〟に（全部研分科会報告）	県人権センター開設 人権施策推進法 地対協「意見具申」

1997	9	人権教育のための国連10年推進本部	2月人権研究所専務理事に 6月県連大会で副委員長落選 『松同研三十年の歩み』		人権が尊重される三重県条例、人権問題研究所
1998	10	同和地区生活実態調査、調査結果	3月　ゆめふる21 6月　ポケットハウス 人権相談事業始める	下水道の同和対策を批判 下水道水洗化の独自の補助制度をつくる	
1999	11	部落史編纂始まる 松商、弓矢発言問題 12月　松商校長自死事件	9月　高同推発足 **11･5　糾弾学習会松阪市庁舎5階**	糾弾会の会場提供に抗議 11月　28回全部研で報告 「三重県の『同和教育方針』にもとづく歪みと矛盾点」	
2000	12	5月　野呂市長就任		松商事件究明するたたかいへ	4月「学校における差別事象対応マニュアル」 9月確認糾弾について（津地方法務局長要望） １２月県議会　北川知事「同和事業の見直し」に言及 人権啓発推進法
2001	13		3月「ゆめ･であい･ふれあいネット」NPO法人格取得	4月　同和シンポ（日本共産党県委員会主催･松阪で） 「部落」6月号「現地報告」 「三重県の同和行政終結へ―解同との癒着を断ち、教育行政の見直しが焦眉の課題」 （月刊『解放の道』9月号） 「異常な同和行政、ついに『見直し』へ」（『部落』12月号）	1月 総務省「今後の同和行政について」 6月「同和事業の成果と課題について」（県議会生活振興委員会） 10月「同和対策事業の見直し」発表（県議会生活振興委員会）
2002	14	地域改善課廃課、人権推進課へ		「異常な同和行政『見直し』へ大きく前進」（『議会と自治体』1月号）	地域改善財特法終了
2003	15	下村市長就任 3月 人権センター設立基本方針 6月 市営住宅条例改正 3年度で経過措置含め、下水道の同和対策なくなる	3月「人権センター設置に向けての答申」 11月 決算委での今井発言への攻撃	11月 今井発言の攻撃に反撃 「解同交渉」の暴露･追及 12月議会で百条委提案。のち『部落解放同盟の行政支配を暴く～松阪市と部落解放同盟松阪支部との合意文書の記録～＝2003年12月議会のたたかいから＝』を発刊	

2004	16	県の人権教育指導員補助制度廃止 ・市単の人権教育推進員に **5月臨時議会** **副議長選挙で竹田議員が当選** 14対12無効（白票1） 人権保育基本方針		3月三同教「部落の子の数」調査追及、中止に 3月議会　当初予算修正案 「行政・解同一体の〝闇支配〟一掃へ新たなたたかい」 （『人権と部落問題』4月号） 「人権・同和」による人権侵害三同教調査やめさせる （『同』5月号　現地報告） 5月 市議会役選 竹田副議長 6月 議会 部落史編纂委員会の人選で追及、答弁できず 11月　最終の決算で広域隣保事業、人権教育指導員、改良住宅への表札問題、清生団地の財産管理・土地問題を追及 **11月　弓矢裁判一審判決**	県単の人権指導員助成制度廃止
2005	17	1市4町合併　新市発足 合併選挙 人権教育推進員3人配置 （人権問題啓発冊子始まる？）	5月「解同」系議員が部落問題で質問、確認糾弾についても	『人権と部落問題』2月号 「同和行政終結の到達点と今後の課題」掲載 5月 決算審議で「自動車学校差別問題」への対応を追及 10月 第2回人権連全国研究集会（松阪）分科会で報告 11月 一般質問で職員人権意識調査を追及	
2006	18	2月 全協「同和地区は間違いなくなくなっている」と市長発言 3月 人権擁護都市宣言 駅西開発に人権センター（8月全員協議会） 12月 人権のまちづくり条例	 左記の条例を「人権運動の結実」と評価	**3月 弓矢裁判二審判決** 「判決には不十分さがあるが、全体としてみなさんとたたかってきた成果として相当の前進を勝ち取ったと評価できる」 （原告弁護団見解） 11月決算議会で人権教育推進員の横暴と不公平な市の対応を追及	

2007	19	解放同盟への補助金打ち切り 人権センター常設展示検討委員会予算化、6月議会「人権施策基本方針・人権センター」の答申を受けながら議会に説明がなかった事実を認め「まことに申し訳ない」と下村市長が答弁。 人権意識調査（同和対策事業の対象としての同和地区はもうないと明記） 『部落史』前近代篇発行		予算議会･6月議会など 駅西開発と人権センター、検討委員会について追及 議案質疑で松同保、意識調査、部落史など追及 「『人権条例』の検証」で「松阪市中心に新たな動き」（『人権と部落問題』7月号）	
2008	20	駅西再開発　中断に		2月 駅西再開発削除の修正案 11月 決算で駅西再開発と人権センター展示検討委員会、松同保について反対討論 11月「松同保」のフィールドワークなどを追及、是正約束	
2009	21	2月 山中市長就任 3月議会 部落史編纂への言及 20年度補正で人権展示検討委員会予算皆減 4月「人権施策基本方針」（第一次改定）答申 4月『人権教育基本方針』改定 8月講演「部落史をどう教えるか」パートⅠ　人権学び課、冊子発行		「新市長誕生で『同和』は変わるか」（『人権と部落問題』9月特別号）	
2010	22	1月講演「部落史をどう教えるか」パートⅡ　3月同冊子発行	殿町中差別事件について、人権学び課主催で講演会（7月寺木）	3月人権教育推進員削除の予算修正案あと3人で可決へ	
2011	23	2月「部落史講演資料」発行 人権教育推進員の制度廃止に報酬条例からも削除		報酬条例から「人権教育推進員」の削除に賛成討論 7回地域人権問題研究集会で人権指導員廃止の報告 のち『人権と部落問題』8月号、『国民融合通信』10月に再録	

2012	24	人権意識調査（「特別事業は終了」）		2月議会 人権意識調査で「同和地区」について質問 人権展示について行政の無駄として追及（一般質問） 8回地域人権研究集会で「住宅新築資金」の到達を報告	
2013	25	3月議会 人権問題啓発冊子の2号随契が明らかに 5月 啓発冊子「やめる」と市長答弁	『未来へつなぐ解放運動』発行11月（図書館で見つける）	同和行政の終結と部落問題の解決過程ーもう一つの「部落史近現代編へー（『人権と部落問題』2月増刊号 5月 啓発冊子の不公正追及 2号随意契約のやり方廃止へ 9月「人権4事業」追及 12月 部落史編纂事業の追及	
2014	26	**人権4事業予算廃止** **「歴史的転換点」と山中市長発言** 「蒲生氏郷」が郷土の偉人③に 人権展示検討委員会が報酬条例から削除 9月決算「人権4事業」決算分科会で不認定に（全員）事業廃止へ **12月　部落史編纂事業廃止に** （いずれも「夕刊三重」が報道）	解放同盟から除名に （「解放新聞」10・13付）	「同和行政の終結と不公正の一掃」（『人権と部落問題』9月増刊号 10月 研究者全国集会分科会で報告、のち『部落問題研究』213号へ掲載	
2015	27	一般会計補正9号で部落史編纂事業皆減・打ち切りに 山中市長辞職 10月 竹上市長就任	6月 松阪市へ損害賠償訴訟	3月 部落史編纂事業打ち切り賛成討論 9月 平成27年（ワ）第38号損害賠償等請求事件 裁判費用に関連して質疑「今後あり得ない」と答弁 10月 地域人権研究集会（伊勢）で、「人権同和の不公正一掃」を報告	

2016	28	**予算議会「後戻りすることはありえない」との市長答弁** 広報「まつさか」4月号に「同和問題」の記事		2月 代表質問 損害賠償訴訟など人権施策について質問、市長答弁 松同推解散と学力調査の関係について取りあげる 4月 広報の記事について人権連として松阪市と話し合い （『人権と部落問題』7月号「各地からの通信」）	**部落差別解消推進法** **同　附帯決議**
2017	29			9月 決算議会で損害賠償訴訟事件について質疑	
2018	30		2月 損害賠償訴訟原告敗訴 5月 高裁へ控訴　棄却	訴訟費用、控訴審について質疑（委員会で海住氏も）	
2019	令和 1	2月議会「3年前の答弁通り、こういったことは今後あり得ない。後戻りさせないという決意でおります」と市長答弁		予算議会で訴訟について質疑 松商事件20周年集会	
2020	2			11月 一般質問 県の「人権広告」など指摘 人権施策基本方針第2次の見直しを求める	11月「人権広告」（三重県）
2021	3	3月「人権保育基本方針」改正		2月 20年11月「人権広告」をめぐって県交渉 3･15「地域と人権」へ記載 5月 人権保育基本方針見直しについて言及	

2022	4	22年度予算 市営住宅管理運営基金の創設 （住宅新築資金の到達示す） 新たな意識調査、人権施策審議会 **人権基本方針・意識調査は「後戻りしない一つの形」市長答弁 6月**		予算議会・6月議会で論議 「地域と人権」4・15に記述 『議会と自治体』丹波論文への意見掲載 『人権と部落問題』8，12月に「現地報告」	
2023	5	「人権問題についての市民意識調査」公表 新たな「人権施策基本方針」で 人権センター設置の記述削除		1・14 水平社創立100年記念集会へ参加 3月 革新懇で「水平社100年と松阪」の報告 10月 16回人権連研究集会で分科会報告	
2024	6	氏郷顕彰基金を設定		10月人権連研究集会、津市で開催	

久松　倫生（ひさまつ　みちお）

略歴

１９５２年　三重県松阪市生まれ

静岡大学人文学部専攻科修了　日本史専攻

１９７８年　松阪市教育委員会職員

１９８７年　松阪市議会議員初当選　以来通算８期―総務委員長、総務企画委員長、広域消防組合議会議長、図書館改革調査特別委員長など歴任

現在の活動

松阪市議会議員・議会改革特別委員長／地域人権運動三重県連合会副会長／松阪しょんがい音頭と踊り保存会副会長／駅部田町小部自治会長／保護司

主な論文・著書

「同和行政の終結と『人権同和』の不公正の一掃のたたかい」（『部落問題研究』213輯、2015年）ほか「現地報告」（『人権と部落問題』）など多数

『松阪　城と城下町』（1994年）／『その天守閣再建ちょっと待った』（2024年）／歴史地名体系『三重県の地名』（平凡社・共著）

部落問題解決過程の証言―歴史、教育、民主主義をまもる―
三重県松阪市

2024年11月15日　初版印刷発行

著　者　久松倫生
発行者　梅田　修
発行所　公益社団法人部落問題研究所

〒606-8691　京都市左京区高野西開町34-11
TEL 075(721)6108　　FAX 075(701)2723

ISBN978-4-8298-1092-7